Collection Voyages goı

CW01665145

# Cuisine tunisienne

Dans la collection *Voyages gourmands* :

Recettes en Provence
*Recipes from Provence*
*Rezepte aus der Provence*
*Ricette dalla Provenza*
Cuisine traditionnelle en pays niçois
Cuisine et fêtes en Provence
Tians et petits farcis
Ma cuisine catalane au fil des saisons
Cuisine et fêtes en pays limousin
Cuisine d'Auvergne et du Bourbonnais
Tour de France des cuisines régionales
Ma cuisine savoyarde
Cuisine du Tarn
Cuisine d'Alsace
Cuisine pied-noir
Cuisine corse
Cuisine des Flandres
Desserts et douceurs en Provence
Cuisine des Charentes
Cuisine du Languedoc
Cuisine Bourguignonne
Cuisine Bordelaise
Recettes de couscous
Cuisines d'Afrique
Ma cuisine malgache
Recettes gourmandes d'Angleterre
Ma cuisine arménienne
Cuisine vietnamienne
La cuisine portugaise
Ma cuisine libanaise
Ma cuisine marocaine
Ma cuisine algérienne
Ma cuisine hongroise
Cuisine des Antilles
Cuisine des îles de l'océan Indien
Desserts du Maghreb
Cuisine tunisienne
Cuisines d'Espagne
Cuisines de Turquie
La cuisine crétoise
Cuisines d'Italie
Cuisine kabyle

**Illustrations de : Marie-Françoise Delarozière**
**Tissu de couverture : Collection Éric Ossard et Arnaud Maurières**

SARL ÉDISUD, LA CALADE, 3 120 ROUTE D'AVIGNON
13090 AIX-EN-PROVENCE – FRANCE
Tél. 04 42 21 61 44 / Fax 04 42 21 56 20
www.edisud.com – e.mail : commercial@edisud.com

ISBN 2-7449-0362-0

Christiane Desbordes

# *Cuisine tunisienne*

Édisud

*Merci à Naïma Zeghloul pour sa collaboration.*

# Sommaire

# Introduction

« Adresse-toi à moi avec courtoisie, je te donnerai mes yeux. » C'est peu de dire que les Tunisiens pratiquent un art de vivre où l'hospitalité, la tolérance, le respect font partie d'une culture séculaire. Et la gastronomie participe de cet art, qui en constitue une savoureuse mise en scène.

La cuisine tunisienne s'est au fil du temps imprégnée des apports de multiples civilisations. Il ne faut pas oublier que le pays fut au cours des siècles envahi ou occupé par les Égyptiens, les Perses, les Andalous, les Turcs... Ce qui explique cette large palette de recettes, cette multitude de préparations des mets. Les cuisinières mettent un point d'honneur à présenter à leurs hôtes les plats les plus fins. Ici, la cuisine est un art. Dame Nature a mis à la disposition des femmes une profusion de produits, d'ingrédients, d'épices aux noms évocateurs pour leur permettre de sublimer leur talent d'accommodatrices. Piment rouge (*filfil zina*) ou cumin (*kammoun*), coriandre ou harissa, entre autres..., les épices accompagnent toutes les préparations de la cuisine tunisienne. Le couscous est de toutes les fêtes, et les manières de l'accommoder sont nombreuses, qu'il soit à la viande, au poulet, au poisson ou aux légumes, ou encore qu'il participe, sucré, à la ronde des desserts.

De génération en génération, des secrets jalousement préservés se sont transmis pour que perdure la richesse de la cuisine tunisienne. Ici comme ailleurs, le progrès a posé sa patte, et pas seulement dans le domaine des ustensiles. Mais les produits de base, eux, restent. Et la tradition est encore profondément enracinée, qui fait que les gestes sont heureusement restés les mêmes, que l'esprit de cet art de vivre a traversé les siècles sans trop s'égarer.

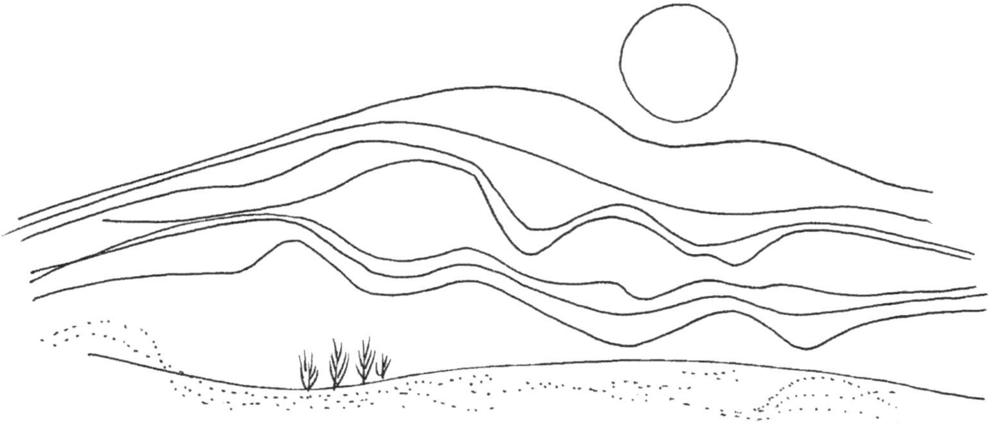

Pour beaucoup, la cuisine tunisienne passe pour être la plus raffinée de toute l'Afrique du Nord. Nous avons voulu dans ce livre vous amener à partager le savoir-faire des cuisinières tunisiennes, transmis traditionnellement de mère en fille. Une façon de découvrir un univers de saveurs, de lumière, de plaisir.

La cuisine tunisienne a pourrait-on dire « fait son marché » à divers étals, en l'occurrence chez divers peuples qu'elle a, de gré ou de force, côtoyés au cours de son histoire. Grâce aux Phéniciens, la culture de la vigne se répandit dans le pays à côté de celles de l'olivier et de l'oranger. La présence romaine fut particulièrement bénéfique à l'extension des cultures céréalières. Côté cuisines, les influences étrangères se multiplièrent elles aussi, depuis les Andalous, qui apportèrent entre autres gâteaux de pâte de semoule ou de mie de pain et d'amandes, aux Turcs qui « firent un tabac » avec des recettes de légumes farcis, de baklavas ou de feuilletés de fruits secs. Perses, Égyptiens ou Italiens furent au cours des siècles d'autres « importateurs » de mille et une recettes que les Tunisiennes perfectionnèrent avec un savoir-faire sans égal.

Il ne faudrait pas oublier l'influence qu'a eue la cuisine juive sur la cuisine tunisienne. Le couscous y est en bonne place, mais simplement garni de légumes et accommodé à l'huile d'olive. Les soupes, entre autres de fèves, ouvrent agréablement les repas. Poissons mijotés ou frits sont également de la partie. Et que dire des boulettes de légumes ou de viande qui accompagnent maintes préparations de légumes ou de semoule, des ragoûts à base de viande de mouton, de la langue farcie... Combien d'autres encore...

Tous les produits de la nature concourent à la richesse et à la multiplicité des saveurs de la cuisine tunisienne. Oranges, citrons, limes, dattes, amandes, abricots constituent un festival de couleurs, véritable ravissement pour les yeux. Un plaisir qui se continue par la confection de multiples douceurs dans lesquelles le miel, dans un ruissellement d'or, apporte une suavité enivrante. Qu'elle soit salée ou sucrée, la cuisine tunisienne ne serait rien sans les nombreuses épices qui lui donnent son goût si particulier: paprika, curcuma, carvi, safran, menthe ou sésame, boutons de rose ou cannelle. Et, à base de piment rouge, on n'aurait garde d'oublier la harissa, toujours présente sur la table tunisienne, et dont le feu surprend le néophyte qui n'a pas appris à la doser...

Qu'elle soit de tous les jours ou de fête, la cuisine tunisienne se révèle être d'abord et avant tout une cuisine de passion et de tradition. Ici, pas de tape à l'œil, pas de fioritures inutiles. Mais simple ne veut pas dire sans recherche, et la richesse du terroir suffit à lui donner cette diversité qui fait que le convive le plus difficile ne parvient jamais à en épuiser la découverte. Heureuse Tunisie, qui possède en la personne de ces mères et de leurs filles des trésors inestimables.

# Les préparations de base

*Dans certaines recettes, nous indiquons des ingrédients ou des préparations soit que l'on ne trouve pas ou pas facilement dans le commerce, soit qu'il est plus agréable, et tout aussi facile, de préparer soi-même. Nous donnons ici les indications nécessaires à leur fabrication.*

## Beurre clarifié

POUR 1 KG DE BEURRE

Dans une grande casserole, mettre 1 kg de beurre à fondre sur feu doux. Dès qu'il est entièrement fondu, passer sur feu moyen et porter à ébullition en remuant.

Au bout d'une quinzaine de minutes, le liquide jaune transparent se sépare d'un résidu crémeux qui se dépose au fond. Le laisser brunir un peu puis retirer du feu.

Garnir un chinois de mousseline. Filtrer le beurre au-dessus d'une casserole. Verser le contenu dans des bocaux, fermer hermétiquement et laisser refroidir.

Ce beurre clarifié peut se conserver sans problème si toutes les étapes ont été correctement menées. Il est préférable de conserver les bocaux hors réfrigérateur.

## Citrons confits à l'huile d'olive

POUR UN GRAND BOCAL

- *1 kg de citrons (citrons jaunes ou citrons verts)*
- *1 litre d'huile d'olive*
- *100 g de sel*

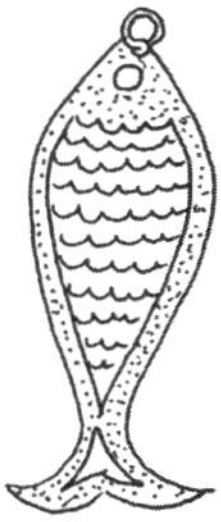

Bien nettoyer les citrons. S'ils ont été traités, les laver avec de l'eau tiède et les brosser soigneusement. Sécher dans du papier absorbant.

Couper ensuite les citrons en tranches épaisses.

Mettre ces tranches dans une passoire, saler chaque couche et laisser ainsi toute une nuit.

Disposer alors dans un bocal en les pressant au fur et à mesure. Remplir environ aux deux tiers, de manière à pouvoir verser par-dessus de l'huile d'olive en veillant à ce qu'elle recouvre bien la couche supérieure.

Fermer hermétiquement le bocal et laisser macérer pendant un mois au moins avant utilisation.

## Crème d'ail

POUR UN BOL

- *6 gousses d'ail frais*
- *2 pincées de sel*
- *huile de table*
- *2 cuillerées à café de jus de citron*

Peler les gousses d'ail. Retirer le germe qui se trouve à l'intérieur.

Dans un mortier, piler ces gousses avec le sel, puis ajouter quelques gouttes d'huile tout en continuant de piler.

Ajouter encore une cuillerée à café d'huile tout en travaillant au pilon, puis continuer à ajouter de l'huile par toutes petites quantités sans cesser de piler.

Arrêter lorsque la quantité obtenue paraît suffisante et lorsqu'on a obtenu la consistance d'une crème.

À ce moment, ajouter le jus de citron.

Présenter dans un bol.

## Harissa

POUR ENVIRON 300 G DE PRÉPARATION

- *250 g de piments rouges frais* • *1 tête d'ail*
- *1 cuillerée à soupe de coriandre en poudre*
- *3 cuillerées à soupe de coriandre fraîche*
- *1 cuillerée à soupe de cumin en poudre*
- *1 cuillerée à café de carvi en poudre*
- *1 cuillerée à soupe de menthe séchée*
- *20 g de sel* • *huile d'olive*

Retirer le pédoncule, les graines et les nervures intérieures des piments (il est préférable de porter des gants de caoutchouc pendant cette opération).

Peler les gousses d'ail et retirer le germe.

Dans un grand bol, mettre les morceaux de piments, l'ail, ainsi que toutes les épices. Passer au mixer pour obtenir une pâte fine homogène. Il faut verser à deux ou trois reprises un peu d'huile d'olive pour lier l'ensemble.

Verser la préparation obtenue dans un bocal, tasser avec le dos d'une cuillère, recouvrir d'une couche d'huile d'olive. Fermer hermétiquement.

Conserver dans le réfrigérateur. Veiller à ce que la surface soit toujours recouverte d'huile après chaque utilisation.

## *Préparation de la graine de couscous*

Pour 6 personnes

- *1 kg de graine de couscous fine ou moyenne*
- *2 litres + 30 cl d'eau*
- *40 g de sel*
- *beurre frais ou clarifié*

Dans la partie basse d'un couscoussier, mettre 2 litres d'eau à bouillir.

Pendant ce temps, verser la graine dans un grand plat creux. Arroser de 15 cl d'eau salée. Remuer. Laisser gonfler pendant une quinzaine de minutes.

Travailler ensuite la graine du bout des doigts.

Une heure avant de servir, verser la graine dans la partie haute du couscoussier. Poser sur la partie basse, couvrir et faire un joint à l'aide d'un linge propre noué serré autour du couvercle. Au bout de 20 minutes, verser la graine dans le plat creux, ajouter 15 cl d'eau froide et laisser tiédir. Retravailler à la main, puis reverser la graine dans le couscoussier et remettre à cuire 10 minutes.

Reverser la graine dans le plat creux. Retravailler à la main avec un peu d'eau, et enfin remettre dans le couscoussier pour une dernière cuisson de 5 à 6 minutes.

Verser dans le plat creux, ajouter le beurre ramolli (la quantité dépend de la recette) en l'incorporant peu à peu. Il faut procéder rapidement afin que la préparation n'ait pas le temps de refroidir et puisse être servie aussitôt accompagnée du bouillon.

## *Tabel*

POUR UN PETIT BOCAL DE TABEL FRAIS

---

• *4 piments rouges*
• *2 cuillerées à soupe de graines de carvi*
• *1 bouquet de coriandre fraîche*
• *6 gousses d'ail*
• *huile d'olive* • *sel*

---

Piler les graines de carvi dans un mortier.

Émincer finement la coriandre. Peler les gousses d'ail, ôter si besoin le germe intérieur. Épépiner les piments et enlever les nervures intérieures.

Mettre le tout dans le mortier et piler longuement pour obtenir une purée fine.

Mettre dans un bocal, recouvrir d'huile d'olive, fermer hermétiquement et laisser dans le réfrigérateur.

Cette pâte se conserve ainsi plusieurs semaines.

## *Sirop à mieller*

Les quantités indiquées ci-après sont suffisantes pour enrober une cinquantaine de petits gâteaux ou de briks.

---

• *500 g de sucre en poudre*
• *3 cuillerées à soupe de miel*
• *1 sachet de sucre vanillé*
• *1/2 citron*
• *1 zeste d'orange*
• *1/2 cuillerée à café d'amidon en poudre*
• *35 cl d'eau*

---

Verser 20 cl d'eau dans une casserole. Ajouter le sucre en poudre, le sucre vanillé, le jus du citron, le zeste d'orange.

Porter sur feu vif. Aux premiers bouillons, passer sur feu modéré et laisser cuire pendant une vingtaine de minutes.

Ajouter alors le miel et 10 cl d'eau. Bien mélanger, et laisser cuire, toujours sur feu modéré, pendant 10 à 15 minutes.

Délayer l'amidon dans un peu d'eau. Verser le mélange dans la casserole. Prolonger la cuisson pendant 10 minutes puis passer sur feu très doux. Retirer du feu au bout de 4 à 5 minutes.

# Quelques produits ou ingrédients

### *Feuilles de briks*

Ce sont de fines feuilles de pâte de blé que l'on utilise dans l'ensemble des pays de l'autre côté de la Méditerranée. Elles sont utilisées pour la fabrication de tourtes, de farcis, ainsi que pour la préparation de pâtisseries feuilletées, dont la célèbre baklava.

### *Harissa*

Il s'agit de cette pâte de piment rouge aromatisée au cumin, à la coriandre et à l'ail. On trouve de la harissa toute prête dans le commerce, mais elle est tellement meilleure préparée à la maison !

### *Gingembre*

C'est un rhizome (une racine) aromatique de saveur fraîche et piquante. On trouve dans le commerce du gingembre frais et du gingembre en poudre séché. La saveur et le parfum de l'un et l'autre ne sont pas comparables, et si une recette indique l'utilisation de gingembre frais, il ne saurait être question de lui substituer l'autre... Le gingembre frais doit avoir une peau bien lisse, presque luisante. Il faut le peler finement avant utilisation. Attention : le gingembre possède un goût et un parfum fort, et il faut veiller à n'utiliser que les quantités indiquées. À noter que, stimulant digestif, il est souvent utilisé dans la médecine traditionnelle.

### *Melokhia*

C'est une plante de la même famille que la mauve. Elle est utilisée comme légume ou condiment au Maghreb. Il est nécessaire de la hacher et de la cuire longuement. En Tunisie, on dilue dans du bouillon la poudre de ses feuilles séchées que l'on utilise pour la préparation de soupes ou de ragoûts.

### *Ras el-hanout*

Désigne un mélange d'épices. En général, on trouve dans ce mélange de la cannelle, de la muscade, du gingembre, du girofle, du poivre noir, du poivre gris, de la cardamome, de la muscade, du curcuma, de la belladone, du fenouil... Entre autres... Alors, un conseil : il est recommandé de se procurer ce mélange tout préparé dans les boutiques spécialisées !

### *Gombos*

Ce sont des gousses vertes, pointues, originaires d'Afrique. Elles servent généralement à épaissir soupes et ragoûts. Sur le marché, préférer les gombos de petite taille. Un « truc » pour bien les choisir : plier le bout pointu de la gousse. S'il se casse, on est assuré d'avoir affaire à un gombo tendre et non fibreux.

# Soupes

*Soupe à la melokhia*
*Soupe aux abricots*
*Soupe à la tomate*
*Soupe aux pois chiches*
*Soupe à l'agneau*
*Chorba rouge*
*Chorba de frik*
*Soupe de rougets*

# *Soupe à la melokhia*

POUR 6 PERSONNES

• 500 *g de viande de bœuf (jarret, paleron ou joue)*
• 2 *belles tomates* • 6 *gousses d'ail*
• 1 *cuillerée à café de poudre de boutons de rose séchés*
• 1 *cuillerée à soupe de harissa*
• 1 *écorce d'orange,* 5 *cuillerées à soupe de melokhia*
• 1 *pincée de cannelle en poudre*
• 15 *cl d'huile d'olive* • 2 *litres d'eau*
• 3 *feuilles de menthe fraîche*
• 2 *feuilles de laurier*

La veille, couper la viande en cubes et la mettre à mariner dans un récipient avec l'ail épluché et écrasé, la harissa, le laurier, la menthe, les roses, l'écorce d'orange, les épices. Saler.

Le jour même, dans une grande casserole, délayer la melokhia dans l'huile d'olive jusqu'à obtenir une pâte lisse homogène. Mettre sur feu très doux et laisser cuire sans cesser de tourner à l'aide d'un fouet jusqu'à ce que se forment des bulles. Verser à ce moment toute l'eau d'un seul coup sans cesser de remuer. Le mélange, en chauffant, va devenir un peu visqueux puis peu à peu redevenir liquide.

Ajouter alors la viande avec les aromates ainsi que les tomates préalablement pelées, épépinées et concassées.

Amener à ébullition sur feu moyen, puis passer sur feu très doux et laisser mijoter pendant environ 2 heures.

Servir très chaud.

# *Soupe aux abricots*

POUR 6 PERSONNES

*• 250 g d'abricots secs*
*• 2 oignons • 100 g de farine*
*• 5 g de levure de boulanger*
*• 100 g de semoule de blé très fine*
*• 1 grosse poignée de pâtes à potage*
*• 4 cuillerées à soupe d'huile d'olive*
*• 2 cuillerées à café de paprika*
*• une demi-cuillerée à café de harissa*
*• 1 cuillerée à café de coriandre en poudre*
*• 1 cuillerée à café de cumin en poudre*
*• eau • sel*

La veille, dans un grand bol, délayer la levure dans une petite quantité d'eau tiède. Laisser gonfler à l'abri. Incorporer ensuite la farine en mélangeant très soigneusement et en pétrissant le tout pendant trois ou quatre minutes (la pâte ne doit plus coller aux doigts). Couvrir avec un linge propre, et laisser reposer dans un endroit frais, à l'abri des courants d'air.

Le jour même, dans une casserole, mettre les abricots et les couvrir d'eau. Mettre à cuire sur feu doux pendant environ 30 minutes.

Égoutter, passer au mixer.

Mélanger cette pâte d'abricots avec le levain préparé la veille.

Dans une sauteuse, sur feu moyen, mettre les oignons épluchés et finement émincés dans l'huile d'olive et les laisser jusqu'à ce qu'ils deviennent translucides. Ajouter alors les épices, et remuer pendant environ 1 minute. Saler.

Incorporer alors le mélange levain-abricots, ajouter de l'eau pour obtenir une soupe et laisser cuire sur feu moyen pendant une quinzaine de minutes tout en remuant avec une cuillère en bois.

Quelques minutes avant la fin de la cuisson, ajouter les pâtes et la semoule, laisser cuire le temps indiqué par le fabricant.

Servir très chaud.

# *Soupe à la tomate*

POUR 4 PERSONNES

• *4 belles tomates* • *1 poireau*
• *2 carottes* • *1 oignon*
• *4 cuillerées à soupe d'huile d'olive*
• *1 gousse d'ail* • *100 g de nouilles*
• *1 bouquet garni* • *125 cl d'eau*
• *sel* • *poivre*

Éplucher les tomates : soit à l'aide d'un couteau économe, soit en les plongeant 1 minute dans une casserole d'eau bouillante. Ensuite, les épépiner, puis les couper en petits quartiers.

Éplucher l'oignon, les carottes. Couper la partie verte du poireau, et ne conserver que le blanc. Hacher grossièrement ces légumes.

Dans une grande casserole, sur feu vif, faire revenir tous les légumes dans l'huile d'olive. Saler, poivrer. Remuer constamment à l'aide d'une cuillère en bois.

Pendant le même temps, faire bouillir l'eau dans une casserole.

Ajouter alors l'eau bouillante sur les légumes, avec le bouquet garni et l'ail pelé et haché grossièrement.

Couvrir. Dès la reprise du frémissement, passer sur feu doux, et laisser cuire pendant une trentaine de minutes.

Quelques minutes avant la fin de la cuisson, ajouter les pâtes en tenant compte du temps de cuisson indiqué par le fabricant.

Servir chaud.

# Soupe aux pois chiches

Pour 4 personnes

• *250 g de pois chiches* • *1 blanc de poulet*
• *3 bouillons de volaille en cubes*
• *3 oignons* • *4 tranches de pain*
• *30 g de beurre* • *2 gousses d'ail*
• *5 cuillerées à soupe d'huile d'olive* • *1 verre de chapelure*
• *2 cuillerées à soupe de cerfeuil haché*
• *eau* • *sel* • *poivre*

La veille, mettre les pois chiches à tremper dans un grand récipient rempli d'eau froide.

Le jour même, verser 1,5 litre d'eau dans une grande casserole. Ajouter les cubes de bouillon de volaille. Ajouter ensuite les pois chiches égouttés.

Porter sur feu vif jusqu'à ébullition. Aux premiers bouillons, passer sur feu moyen et laisser cuire pendant 1 heure.

Passer alors sur feu moyen et ajouter la chapelure. Laisser encore cuire pendant une vingtaine de minutes.

Pendant ce temps, peler les gousses d'ail. Frotter les tranches de pain avec cet ail. Beurrer légèrement, saler, poivrer.

Passer ces tranches dans une poêle, sur feu vif, avec de l'huile d'olive. Laisser dorer sur chaque face pendant environ 1 minute. Réserver.

Dans la même poêle, mettre sur feu moyen les oignons pelés et finement émincés. Laisser blondir, puis ajouter le blanc de poulet coupé en petits morceaux. Saler, poivrer. Lorsque le tout est bien chaud, verser dans le bouillon de pois chiches. Laisser 1 minute sur feu moyen et retirer.

Présenter dans une soupière en parsemant de cerfeuil haché. Mettre dans chaque assiette une tranche de pain, et verser la soupe par-dessus.

# *Soupe à l'agneau*

Pour 4 personnes

• 400 *g de viande d'agneau dégraissée*
• 3 *pommes de terre* • 1 *poireau* • 1 *carotte*
• 1 *œuf* • 1/2 *citron*
• 1 *branche de céleri* • 50 *g de beurre*
• 2,5 *litres d'eau* • *sel* • *poivre*

Couper la viande en petits cubes.

Peler les pommes de terre. Les couper en quatre.

Laver le poireau. Ne garder que le blanc et le couper en tronçons.

Enlever les fils de la branche de céleri. La couper en morceaux.

Mettre tous ces ingrédients dans un faitout avec le beurre. Saler, poivrer.

Faire revenir sur feu vif pendant 3 minutes environ en remuant. Ajouter ensuite l'eau. Couvrir. Passer sur feu modéré et laisser mijoter pendant 2 heures.

Pendant ce temps, dans un grand bol, mettre le jaune d'œuf. Ajouter le jus du citron tout en remuant au fouet jusqu'à obtenir un mélange bien homogène.

Prélever alors une louche de bouillon de la soupe et le verser peu à peu dans le bol sans cesser de battre au fouet.

Verser ce mélange dans une soupière. Verser dessus tout le contenu du faitout.

Servir brûlant.

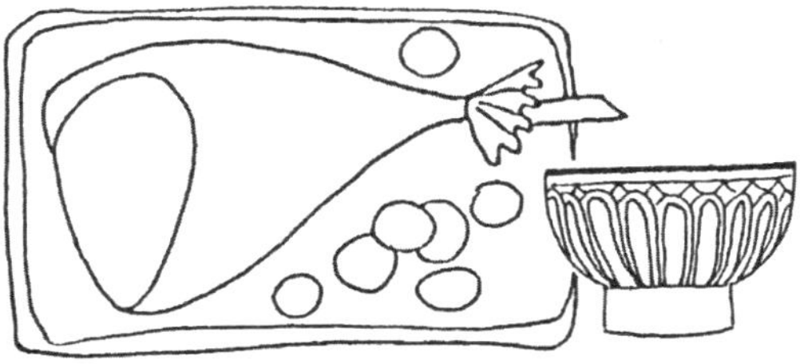

# Chorba rouge

POUR 4 PERSONNES

• 400 *g de viande d'agneau*
• 1 *boîte de concentré de tomates*
• 100 *g de pâtes à potage*
• 1 *branche de céleri*
• 10 *cl d'huile d'olive*
• 1 *cuillerée à café de tabel* (*voir p.* 12)
• *eau* • *sel* • *poivre*

Dégraisser la viande. La couper en petits morceaux.

Mettre dans un faitout. Ajouter l'huile d'olive, le concentré de tomates, la branche de céleri coupée en morceaux et le tabel. Saler, poivrer.

Faire revenir sur feu vif pendant 5 minutes en remuant.

Ajouter alors 2 litres d'eau froide. Couvrir et laisser cuire pendant 2 heures à feu modéré.

Une dizaine de minutes avant la fin de la cuisson, ajouter les pâtes à potage.

Verser dans une soupière et servir.

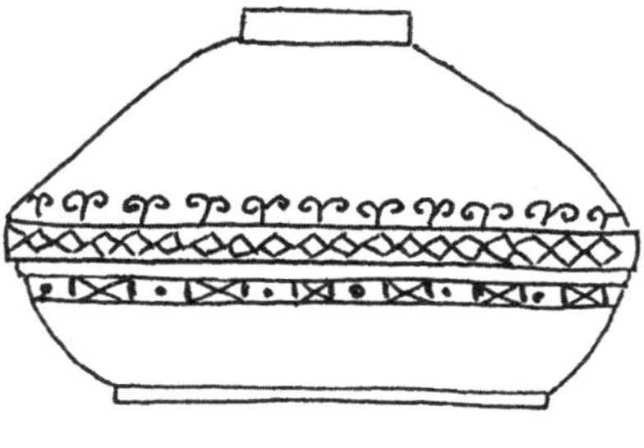

# *Chorba de frik*

Pour 4 personnes

- 350 *g de viande d'agneau*
- 100 *g de frik (ce sont des grains d'orge vert concassés)*
- 1 *boîte de concentré de tomates*
- *une demi-cuillerée à café de piment en poudre*
- 1 *cuillerée à café de tabel (voir p.* 12)
- 5 *cl d'huile d'olive*
- *persil* • *sel*

Dégraisser la viande. La couper en petits cubes.

Mettre dans un faitout. Ajouter le tabel, le piment en poudre, l'huile d'olive, le céleri coupé en petits morceaux, le concentré de tomates, 2 cuillerées à soupe de persil haché. Saler.

Porter sur feu vif pendant 5 minutes tout en remuant (si besoin, ajouter un demi-verre d'eau).

Verser alors 2 litres d'eau froide et porter à ébullition. Aux premiers bouillons, passer sur feu doux et ajouter les grains d'orge. Laisser mijoter pendant 2 heures.

Une fois la cuisson terminée, verser dans une soupière et servir chaud.

# *Soupe de rougets*

Pour 6 personnes

---

• *700 g de rougets*
• *3 tomates* • *150 g de semoule*
• *6 gousses d'ail* • *2 oignons*
• *1 boîte de concentré de tomates*
• *2 cuillerées à café de paprika*
• *2 pincées de girofle en poudre*
• *une demi-cuillerée à café de harissa*
• *10 cl d'huile d'olive*
• *6 tranches de pain grillé*
• *2 litres d'eau*
• *sel* • *poivre*

---

Nettoyer soigneusement les poissons. Les laver sous un filet d'eau. Couper en tronçons.

Peler les oignons. Les hacher finement.

Peler les tomates. Les épépiner et les concasser grossièrement.

Peler l'ail et l'écraser.

Dans un faitout, mettre l'huile d'olive à chauffer sur feu modéré. Ajouter l'oignon, l'ail, le concentré de tomates délayé dans 10 cl d'eau, les tomates concassées, le paprika, la harissa et le girofle en poudre. Bien mélanger. Passer sur feu très doux et laisser cuire pendant 15 minutes.

Ajouter alors 2 litres d'eau. Mettre les tronçons de poisson. Couvrir, passer sur feu vif et laisser cuire encore 15 minutes.

Passer l'ensemble au mixer tout en continuant la cuisson. À la reprise des bouillons, ajouter la semoule. Laisser cuire le temps indiqué par le fabricant.

Verser dans une soupière tenue au chaud. Poser dans chaque assiette une tranche de pain grillé. Verser la soupe très chaude par-dessus.

# Salades et entrées

*Salade méchouia*
*Salade de navets au pamplemousse*
*Salade paysanne*
*Boulettes de merlan*
*Brouillade de tomates*
*Salade de fenouil*
*Beignets d'aubergines*
*Salade tunisienne*
*Salade de poivrons*
*Salade de concombre composée*
*Briks à l'œuf et au thon*
*Briks aux œufs*
*Briks au poulet*
*Briks aux sardines*
*Œufs aux légumes*
*Œufs farcis*

# Salade méchouia

Pour 4 personnes

• 100 *g de thon au naturel* • 2 *œufs* • 2 *grosses tomates*
• 1 *poivron vert* • 1 *poivron rouge* • 1 *piment vert frais*
• 1 *oignon doux* • 4 *gousses d'ail* • 1 *cuillerée à soupe de câpres*
• 1 *citron* • 4 *cuillerées à soupe d'huile d'olive*
• 3 *branches de persil* • *sel* • *poivre*

Mettre le four à chauffer, position gril.

Disposer sur la grille les poivrons, les tomates, le piment et l'ail non pelé. Mettre sous la grille une lèchefrite pour recueillir le jus. Laisser bien griller en retournant de temps en temps les légumes. Ils doivent légèrement noircir.

Les retirer alors du four.

Envelopper les poivrons dans du papier d'aluminium et réserver.

Peler les tomates, jeter l'eau qu'elles rendent. Émincer la chair.

Peler les poivrons, enlever les graines et les nervures de l'intérieur. Poser sur du papier absorbant pour les sécher un peu. Couper en petits morceaux.

Dans une casserole, mettre les œufs à durcir dans de l'eau salée bouillante (10 minutes).

Mettre dans un saladier les tomates et les poivrons. Mélanger délicatement.

Ajouter l'oignon haché fin, le thon, les câpres, le persil lui aussi haché fin et les œufs écalés et coupés en tranches.

Peler l'ail. Écraser la chair à la fourchette.

Presser le citron et verser le jus dans un bol. Ajouter l'huile, la purée d'ail, saler, poivrer. Bien mélanger.

Verser ce mélange sur les légumes. Mélanger très délicatement.

Servir avec des tranches de pain grillé.

# *Salade de navets au pamplemousse*

POUR 4 PERSONNES

• 500 *g de navets nouveaux*
• 1 *pamplemousse + le jus d'un autre pamplemousse*
• 1 *gousse d'ail* • 1 *cuillerée à soupe de persil haché*
• 3 *cuillerées à soupe d'huile d'olive*
• *sel* • *poivre*

Peler les navets. Les laver et les découper en fines tranches.

Peler l'ail. Écraser la chair.

Dans un grand bol, mélanger cet ail écrasé, du sel, du poivre, l'huile d'olive, le jus de pamplemousse.

Mettre ensuite les tranches de navets à macérer dans ce mélange, pendant au moins 1 heure.

Pendant ce temps, peler le pamplemousse (il doit être pelé à chair, sans qu'il reste de peau blanche).

Couper ensuite le fruit pour détacher la chair de la peau membraneuse. Découper cette chair en petits dés. Égoutter.

Au moment de servir, incorporer ces dés de pamplemousse à la salade de navets et saupoudrer de persil haché.

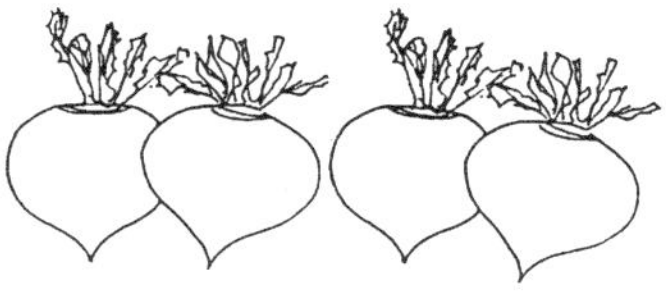

# *Salade paysanne*

POUR 4 PERSONNES

---

• *4 belles tomates* • *2 poivrons rouges*
• *2 poivrons verts* • *1 petit piment*
• *2 gousses d'ail* • *1 petit oignon blanc*
• *4 cuillerées à soupe d'huile d'olive*
• *1 cuillerée à soupe de vinaigre*
• *1 cuillerée à soupe de feuilles de coriandre fraîches*
• *sel* • *poivre*

---

Disposer sur la grille les poivrons, les tomates, le piment. Laisser griller en retournant les légumes de temps en temps. Ils doivent légèrement noircir.

Les retirer alors du four.

Couper les poivrons en deux. Retirer les graines et les nervures intérieures.

Couper ensuite en très fines lanières. Réserver.

Procéder de même pour le piment en vous servant d'une fourchette et d'un couteau.

Peler les tomates. Les épépiner et les couper en morceaux.

Peler l'ail. Écraser la chair.

Peler les oignons. Les émincer finement.

Dans un saladier, mettre tous les légumes. Verser l'huile et le vinaigre. Saler, poivrer. Ajouter l'ail écrasé, les oignons émincés et la coriandre.

Mettre pendant au moins 1 heure dans le réfrigérateur.

Mélanger délicatement au moment de servir.

# Boulettes de merlan

POUR 4 PERSONNES

• 4 *beaux filets de merlan*
• 4 *œufs* • 1 *oignon*
• 2 *gousses d'ail* • 50 *cl de coulis de tomates*
• 20 *cl d'huile d'olive* • 50 *g de farine*
• 1 *cuillerée à café de harissa*
• *persil* • *sel* • *poivre*

Hacher finement les filets de merlan, l'oignon préalablement pelé et le persil.

Verser ce mélange dans un saladier, ajouter les œufs en battant à l'aide d'une fourchette. Saler, poivrer. Mélanger soigneusement pour obtenir une pâte lisse.

Former des boulettes de la taille d'un abricot. Réserver.

Dans une sauteuse, mettre l'huile à chauffer sur feu vif.

Rouler les boulettes dans la farine et les plonger dans l'huile brûlante juste le temps de les saisir. Retirer à l'aide d'une écumoire et réserver sur un plat chaud.

Jeter la moitié de l'huile de la sauteuse. Remettre celle-ci sur le feu en y mettant l'ail pelé et haché finement. Ajouter le coulis de tomates et la harissa. Saler. Laisser sur feu doux pendant une quinzaine de minutes.

Incorporer alors les boulettes (ajouter un peu d'eau si nécessaire : il faut que les boulettes soient juste couvertes).

Laisser frémir sur feu doux pendant 25 minutes environ.

Servir les boulettes nappées de la sauce.

# *Brouillade de tomates*

POUR 4 PERSONNES

• 1 *kg de tomates*
• 4 *œufs* • 4 *merguez*
• 6 *gousses d'ail*
• 6 *cuillerées à soupe d'huile d'olive*
• 1 *cuillerée à café de harissa* • *sel*

Laver les tomates. Les couper en deux, les épépiner soigneusement. Les concasser.

Peler l'ail. Couper chaque gousse en tranches.

Mettre l'huile à chauffer sur feu moyen dans une large sauteuse. Verser l'ail. Dès qu'il commence à blondir, passer sur feu vif, ajouter les merguez coupées en tronçons, les tomates et la harissa. Remuer vivement. Saler.

Passer sur feu moyen et laisser cuire à découvert jusqu'à ce que la sauce prenne une consistance épaisse.

À l'aide d'une cuillère, pratiquer quatre cavités dans la préparation.

Casser un œuf dans chacune de ces cavités, laisser cuire sur feu doux tout en brouillant délicatement le blanc de manière qu'il prenne. Laisser mijoter ainsi pendant trois ou quatre minutes, puis brouiller complètement les œufs.

Servir aussitôt.

# *Salade de fenouil*

Pour 4 personnes

---

- *3 bulbes de fenouil (la base doit être blanche ; éviter d'acheter des bulbes dont la base est desséchée ou de couleur marron-noire)*
- *50 g d'olives vertes dénoyautées*
- *4 cuillerées à soupe d'huile d'olive*
- *1 cuillerée à soupe de vinaigre*
- *1 cuillerée à soupe de persil haché*
- *1 pincée de poivre de Cayenne*
- *une 1/2 cuillerée à café de graines de cumin*

---

Nettoyer les bulbes en coupant la base sur deux ou trois millimètres. Couper également le bout des tiges. Retirer la cote extérieure, filandreuse.

Couper les bulbes dans le sens de la hauteur. Les laver sous un filet d'eau froide. Bien les égoutter dans du papier absorbant. Couper chaque moitié en très fines lamelles.

Mettre les lamelles dans un saladier. Saler, poivrer. Ajouter le cumin, le poivre de Cayenne, l'huile et le vinaigre. Bien mélanger.

Laisser macérer pendant une bonne heure dans le bas du réfrigérateur.

Au moment de servir, parsemer avec le persil haché et les olives dénoyautées.

# *Beignets d'aubergines*

Pour 4 personnes

• *4 aubergines bien fermes* • *3 œufs*
• *180 g de farine* • *10 cl d'eau*
• *1 cuillerée à soupe d'huile d'olive*
• *huile de friture* • *sel* • *poivre*

Dans un grand saladier, verser 150 g de farine. Creuser un puits au centre, et ajouter un œuf entier et deux blancs d'œufs, l'huile d'olive, le sel.

Bien mélanger en ajoutant peu à peu l'eau pour obtenir une pâte lisse homogène, assez consistante.

Couvrir alors d'un linge propre et laisser reposer pendant une bonne heure dans un endroit à l'abri des courants d'air, à température ambiante.

Laver et essuyer les aubergines. Les couper en rondelles d'un demi-centimètre d'épaisseur environ. Mettre dans un grand plat creux, saler, poivrer, verser le reste de farine et bien mélanger.

Dans une grande sauteuse ou une friteuse, mettre l'huile à chauffer sur feu vif. Dès qu'elle est très chaude, plonger chaque rondelle d'aubergines dans la pâte à beignets puis jeter dans la friture. Les beignets sont cuits lorsqu'ils ont pris une belle teinte dorée et qu'ils remontent en surface.

Les retirer alors à l'aide d'une écumoire et les réserver sur du papier absorbant posé sur un plat tenu au chaud. Procéder jusqu'à épuisement des ingrédients, et par petites quantités pour bien cuire les beignets.

Servir très chaud.

# *Salade tunisienne*

POUR 4 PERSONNES

* 3 *grosses pommes de terre*
* 3 *fonds d'artichauts en boîte*
* 2 *carottes*
* 100 *g de petits pois frais*
* 10 *olives vertes et* 10 *olives noires dénoyautées*
* 1 *citron* • 1 *oignon*
* 100 *g de fromage de brebis ou de chèvre*
* 10 *cl d'huile d'olive*
* 1 *cuillerée à soupe de câpres*
* 1 *cuillerée à soupe de persil haché*
* *sel* • *poivre*

Il est préférable, pour que cette salade ait tout son goût, que chaque légume soit cuit séparément.

Peler les pommes de terre. Les couper en petits dés et les mettre à cuire dans une casserole d'eau salée.

Réserver.

Peler les carottes et les mettre à cuire dans de l'eau salée. Réserver.

Écosser les petits pois et les faire cuire dans de l'eau salée.

Couper en morceaux les carottes. Peler l'oignon et l'émincer finement.

Dans un grand saladier, mettre tous les légumes. Ajouter les fonds d'artichauts coupés en cubes, les olives et le fromage coupé en petits morceaux. Arroser avec le jus du citron, l'huile d'olive. Saler, poivrer. Mélanger délicatement.

Parsemer de persil haché et de câpres. Servir.

# *Salade de poivrons*

POUR 4 PERSONNES

---

• 5 *gros poivrons*
• 4 *gousses d'ail*
• 4 *cuillerées à soupe d'huile d'olive*
• 1 *oignon*
• 1 *pincée de piment en poudre*
• *sel* • *poivre*

---

Allumer le four en position gril.

Couper les poivrons en deux. Enlever les graines et les nervures.

Mettre sur la grille et enfourner pendant 5 minutes en les retournant à plusieurs reprises (les poivrons vont se cloquer).

Les retirer du four. Enlever à l'aide d'un couteau pointu la pellicule qui s'est formée.

Couper les poivrons en fines lanières. Mettre dans un plat creux.

Peler l'ail et l'oignon. Émincer. Mettre à blondir dans une poêle avec une cuillerée à soupe d'huile d'olive.

Mélanger l'huile d'olive et la pincée de piment. Verser sur les poivrons. Ajouter l'ail et l'oignon. Saler, poivrer modérément. Mélanger délicatement.

Placer dans le réfrigérateur pendant 1 heure environ avant de servir.

# Salade de concombre composée

POUR 4 PERSONNES

• 1 *gros concombre bien ferme* • 300 *g de riz*
• 1 *petit poivron* • 4 *œufs*
• 40 *g de beurre*
• 10 *feuilles de coriandre fraîches*
• *persil* • *eau* • *sel* • *poivre*

Couper le concombre en deux dans le sens de la longueur. Enlever les graines à l'aide d'une petite cuillère. Couper en gros morceaux.

Dans une casserole, mettre de l'eau salée à bouillir. Plonger les morceaux de concombre et laisser cuire 5 minutes. Égoutter soigneusement. Réserver.

Dans une autre casserole, mettre le riz à cuire dans de l'eau salée, le temps indiqué par le fabricant. Réserver.

Dans une jatte, casser les œufs. Saler, poivrer. Battre énergiquement.

Mettre dans une poêle avec la moitié du beurre en deux parts égales, sur feu moyen, séparément, pour obtenir deux petites omelettes. Une fois cuites, rouler chacune et couper en tronçons.

Couper le poivron. Enlever les graines et les nervures intérieures. Couper la chair en petits morceaux.

Dans une poêle avec le reste de beurre, sur feu doux, mettre les morceaux de poivron. Dès qu'ils ont commencé à prendre couleur, ajouter le riz cuit et égoutté, et laisser chauffer.

Mettre les morceaux de concombre sur un plat de service. Entourer avec le riz et le poivron. Disposer les morceaux d'omelette. Parsemer avec les feuilles de coriandre et le persil finement ciselés.

Servir.

# *Briks à l'œuf et au thon*

POUR 4 PERSONNES

• *6 feuilles de brik* • *1 boîte de thon au naturel*
• *1 pomme de terre* • *1 oignon*
• *4 œufs* • *1 cuillerée à café de harissa*
• *1 citron* • *persil* • *sel* • *poivre*
• *huile pour friture*

Faire cuire la pomme de terre dans une casserole d'eau salée.

Peler et réduire en purée.

Dans un récipient, mélanger le thon, la harissa, l'oignon pelé et finement haché, la pomme de terre en purée, le persil haché. Saler, poivrer. Bien malaxer. Réserver.

Dans une sauteuse, faire chauffer l'huile de friture sur feu vif.

Couper deux des feuilles de brik en deux.

Étaler les feuilles entières sur une assiette creuse. Poser au centre une moitié de feuille.

Déposer alors la valeur d'une mandarine de farce au milieu, casser un œuf, saler selon goût.

Rabattre la feuille pour former une demi-lune.

Plonger délicatement cette feuille pliée dans le bain de friture en maintenant les bords avec une cuillère en bois.

Sortir du bain d'huile dès qu'il devient croustillant (c'est la partie la plus délicate de la préparation : en effet, il faut que le jaune d'œuf, à l'intérieur, ne soit pas cuit ; seul le blanc doit l'être. C'est ce qui fera toute l'onctuosité du brik).

Égoutter et servir aussitôt avec des tranches de citron.

# *Briks aux œufs*

POUR 4 PERSONNES

---

- *4 feuilles de brik*
- *4 œufs*
- *4 pincées de coriandre en poudre*
- *huile de friture*
- *sel* • *poivre*

---

Déplier les feuilles de brik. Si elles sont trop sèches, les humidifier à l'aide d'un torchon mouillé et parfaitement essoré.

Mettre une feuille de brik sur une assiette creuse. Casser un œuf au centre de la feuille. Assaisonner avec sel, poivre et une pincée de coriandre.

Replier délicatement la crêpe sur l'œuf pour former une demi-lune, puis replier les extrémités l'une sur l'autre pour sceller.

Procéder ainsi pour tous les autres briks.

Dans une grande sauteuse, faire chauffer l'huile de friture sur feu vif. Dès qu'elle commence à fumer, passer sur feu modéré.

Faire glisser chaque brik dans la sauteuse. Arroser le dessus d'huile de la friture à l'aide d'une cuillère. Laisser cuire chacun des briks pendant 5 minutes. Retirer ensuite à l'aide d'une écumoire et déposer sur du papier absorbant.

Servir sur des assiettes préalablement tenues au chaud.

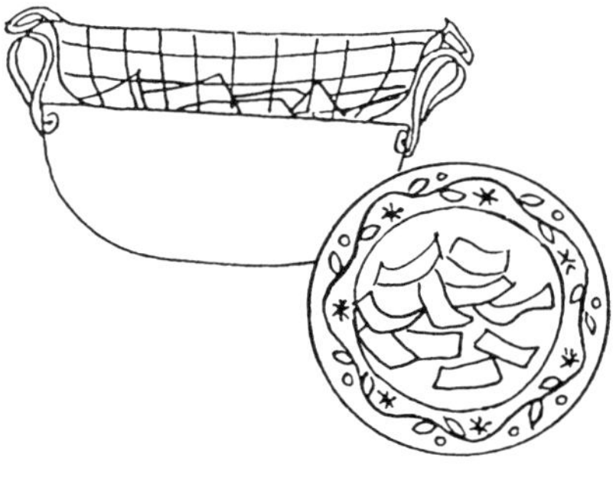

# *Briks au poulet*

POUR 8 PERSONNES

- *12 feuilles de brik*
- *1 poulet de 1,5 kg environ*
- *5 œufs*
- *8 petites pommes de terre*
- *2 oignons*
- *3 cuillerées à soupe d'huile d'olive*
- *1 citron*
- *1 pincée de muscade en poudre*
- *sel* • *poivre* • *huile de friture*

Mettre le poulet à cuire pendant environ 40 minutes dans le four préchauffé à thermostat 6.

Mettre les pommes de terre à cuire dans une grande casserole d'eau salée. Les égoutter, les peler. Les écraser soigneusement à la fourchette dans un saladier. Dix minutes avant la fin de leur cuisson, ajouter 3 œufs dans cette eau bouillante.

Peler les pommes de terre, écaler les œufs. Hacher la chair du poulet.

Peler les oignons. Les émincer finement. Les mettre à blondir dans une poêle avec 3 cuillerées à soupe d'huile d'olive, sur feu moyen. Ajouter alors les pommes de terre écrasées, la chair du poulet hachée, les œufs durs écrasés. Bien mélanger. Incorporer alors les œufs frais restants en mélangeant vigoureusement pour obtenir une préparation homogène. Ajouter la muscade. Saler, poivrer. Mélanger à nouveau.

Déposer une feuille de brik sur un plat creux. Prélever une grosse cuillerée à soupe de la préparation et la mettre au centre de la feuille. Plier en forme de demi-lune. Procéder ainsi jusqu'à épuisement des ingrédients.

Dans une grande sauteuse, mettre à chauffer l'huile de friture sans la faire fumer. Dès qu'elle est bien chaude, mettre les briks au fur et à mesure. Les laisser bien dorer en les retournant à l'aide d'une spatule. Mettre à égoutter sur du papier absorbant, dans un plat creux tenu au chaud.

Couper le citron en minces quartiers. Disposer sur le plat de service avec les briks. Servir très chaud.

# *Briks aux sardines*

POUR 4 PERSONNES

• *16 feuilles de brik* • *8 grosses sardines* • *150 g de fromage de chèvre frais*
• *100 g de beurre* • *30 g de raisins secs* • *50 g de pignons de pin*
• *2 citrons verts* • *2 cuillerées à soupe d'huile d'olive*
• *1 cuillerée à soupe de graines de sésame* • *1 cuillerée à café de graines de coriandre*
• *1 pincée de piment* • *quelques branches de romarin* • *sel* • *poivre*

Vider les sardines. Couper la tête. Laver soigneusement sous un filet d'eau froide.

Écarter les deux moitiés de chair sans les détacher. Ôter délicatement l'arête centrale en tirant à partir de la tête. Couper la queue. Réserver au fur et à mesure sur du papier absorbant. Lorsque toutes les sardines ont été ainsi préparées, les poser peau vers le bas dans un grand plat creux.

Mélanger l'huile d'olive, la pincée de piment et le jus des citrons. Verser ce mélange sur les sardines. Laisser mariner dans le réfrigérateur pendant 1 bonne heure.

Préchauffer le four à thermostat 6.

Dans une poêle à revêtement antiadhésif, mettre à griller sans aucune matière grasse, pendant environ 2 minutes, les pignons de pin en remuant sans arrêt. Réserver.

Hacher les graines de sésame et celles de coriandre. Mélanger ce hachis avec le fromage de chèvre frais. Saler, poivrer.

Dans une casserole, mettre le beurre à fondre sur feu très doux. Badigeonner les feuilles de brik à l'aide d'un pinceau.

Faire quatre piles de quatre feuilles de brik superposées.

Sortir les sardines du réfrigérateur et les laisser égoutter sur une grille. Saler, poivrer.

Déposer au centre de chaque pile le quart du fromage de chèvre, les raisins préalablement égouttés, deux sardines, les pignons. Parsemer de quatre ou cinq brins de romarin.

Replier les feuilles de brik pour former un carré.

Poser en les retournant sur la plaque à pâtisserie légèrement beurrée. Badigeonner avec le reste de beurre fondu. Enfourner et laisser cuire pendant une vingtaine de minutes (il faut que les briks prennent une belle couleur dorée).

Disposer les briks sur le plat de service. Parsemer de quelques brins de romarin.

Servir très chaud.

# Œufs aux légumes

Pour 4 personnes

---

• 4 *œufs* • 4 *poivrons*
• 6 *tomates* • 2 *oignons*
• 4 *gousses d'ail*
• 1 *cuillerée à café de cassonade*
• 6 *cuillerées à soupe d'huile d'olive*
• *sel* • *poivre*

---

Couper les poivrons en deux. Enlever les graines et les nervures intérieures.

Plonger les tomates dans une casserole d'eau bouillante pendant 1 minute. Les retirer et les peler. Les couper en deux.

Peler les oignons et les gousses d'ail. Les émincer finement.

Dans une sauteuse, faire chauffer l'huile d'olive sur feu moyen. Mettre poivrons, oignons et ail à revenir. Saler, poivrer et laisser mijoter à couvert pendant une dizaine de minutes.

Ajouter alors les tomates, la cassonade. Laisser cuire pendant encore 20 minutes en remuant délicatement de temps en temps. Il faut que la préparation devienne un peu épaisse.

À l'aide d'une cuillère, creuser quatre cavités dans la préparation. Casser un œuf dans chacune et laisser cuire sur feu doux, en couvrant à moitié, jusqu'à ce que le blanc soit bien cuit.

Servir aussitôt.

# Œufs farcis

Pour 4 personnes

---

*• 8 œufs • 50 g de fromage blanc*
*• 2 cuillerées à café de paprika*
*• 1 cuillerée à café de câpres*
*• 8 olives noires dénoyautées*
*• 1 cuillerée à café de persil haché finement*
*• quelques feuilles de salade verte*
*• 2 litres d'eau • sel • poivre*

---

Dans une casserole, mettre à bouillir 2 litres d'eau salée.

Aux premiers bouillons, plonger les œufs un à un, délicatement, à l'aide d'une cuillère.

Laisser cuire 10 minutes à partir de la reprise de l'ébullition.

Retirer alors les œufs et les passer sous l'eau froide tout en brisant la coquille. Écaler.

Couper chaque œuf dans le sens de la longueur. Retirer les jaunes.

Dans une assiette, écraser ces jaunes, ajouter le fromage blanc, le paprika, le persil haché et les câpres. Saler, poivrer. Bien mélanger.

Farcir chaque moitié de blanc d'œuf avec cette préparation. Poser par-dessus une moitié d'olive noire.

Mettre dans le réfrigérateur pendant au moins une demi-heure.

Servir présenté sur des feuilles de salade.

# Légumes, pâtes, riz

# Courgettes farcies

Pour 4 personnes

---

*• 6 courgettes bien fermes*
*• 400 g de restes de viande cuite (volaille, agneau)*
*• 2 œufs • 100 g de mie de pain*
*• 2 pincées de noix de muscade*
*• 2 pincées de quatre-épices*
*• 4 tomates • 10 cl de lait*
*• 2 cuillerées à soupe de persil haché*
*• sel • poivre*

---

Couper à chaque extrémité des courgettes un morceau d'un centimètre.

Couper dans le sens de la longueur une lamelle de 2 mm d'épaisseur environ sur le dessus de chaque courgette.

Évider soigneusement chacune des courgettes à l'aide d'une cuillère à café. Saler. Réserver

Hacher la viande.

Mettre la mie de pain à tremper dans le lait, bien laisser imbiber puis presser entre les paumes des mains.

Dans un saladier, mettre la viande, la mie de pain, les œufs entiers, la noix de muscade et le quatre-épices. Saler, poivrer. Bien mélanger pour obtenir une préparation homogène.

Préchauffer le four à thermostat 5.

À l'aide d'une cuillère, remplir chaque courgette avec cette farce en tassant bien. Couvrir avec le chapeau découpé.

Peler les tomates (soit à l'aide d'un couteau économe, soit en les laissant d'abord 1 minute dans une casserole d'eau bouillante). Les épépiner, puis les passer au mixer.

Huiler légèrement un plat allant au four. Y disposer les courgettes, napper avec les tomates en purée. Ajouter un petit verre d'eau.

Enfourner et laisser cuire pendant environ 35 minutes. Si les courgettes prennent trop vite couleur, poser par-dessus une feuille de papier aluminium et la retirer 2 minutes avant la fin de la cuisson.

Sortir du four, parsemer de persil haché et servir aussitôt.

# *Boulettes à la tunisienne*

POUR 4 PERSONNES

• 800 *g de pommes de terre*
• 2 *oignons* • 4 *œufs* • 40 *g de farine*
• 2 *verres d'huile d'olive pour la friture*
• *une demi-cuillerée de paprika en poudre*
• 2 *cuillerées à soupe de persil haché*
• *sel* • *poivre*

Laver les pommes de terre. Les mettre à cuire dans de l'eau salée pendant une trentaine de minutes.

Les peler et les passer au moulin à légumes dans un saladier pour les réduire en purée.

Peler les oignons. Les hacher finement.

Ajouter à la purée avec le persil. Saler, poivrer. Ajouter le paprika. Mélanger soigneusement.

Incorporer un à un les œufs en travaillant énergiquement à l'aide d'une spatule en bois.

À l'aide d'une cuillère, prélever des boulettes de la grosseur d'une mandarine. Les aplatir légèrement et les rouler dans la farine.

Mettre l'huile à chauffer sur feu vif dans une sauteuse.

Y verser les boulettes par petites quantités. Les laisser 3 minutes environ en les retournant pour les faire bien dorer.

Les mettre à égoutter sur du papier absorbant dans un plat tenu au chaud.

Servir chaud, présenté sur un plat de service, en saupoudrant d'un peu de persil haché.

# *Fenouil macéré au citron*

POUR 4 PERSONNES

---

- *4 bulbes de fenouil*
- *3 oignons*
- *4 tomates*
- *1 citron vert (lime)*
- *2 cuillerées de sucre en poudre*
- *1 demi-cuillerée à café de safran*
- *3 cuillerées à soupe d'huile d'olive*
- *sel* • *poivre*

---

Nettoyer les bulbes en coupant la base sur deux ou trois millimètres. Couper également le bout des tiges. Retirer la cote extérieure, filandreuse. Couper chaque bulbe en quatre.

Dans une grande casserole, mettre de l'eau salée à bouillir. Aux premiers bouillons, plonger les bulbes et laisser cuire 5 minutes.

Les sortir à l'aide d'une écumoire, et laisser égoutter.

Peler les oignons. Les couper en fines rondelles.

Peler les tomates (soit à l'aide d'un couteau économe, soit en les plongeant préalablement 1 minute dans de l'eau bouillante). Les épépiner et les concasser grossièrement.

Sur feu vif, dans une grande sauteuse, faire chauffer l'huile d'olive. Y mettre à revenir oignons et tomates pendant 4 à 5 minutes.

Ajouter ensuite les morceaux de fenouil, le sucre, un verre d'eau, le jus du citron et le zeste coupé en petites lamelles, le safran. Saler, poivrer.

Couvrir et laisser mijoter sur feu doux pendant 40 à 45 minutes.

Laisser complètement refroidir avant de servir.

*(Cette préparation peut se conserver un ou deux jours dans le réfrigérateur.)*

# *Pilaf au yaourt*

POUR 4 PERSONNES

- *220 g de riz*
- *2 yaourts nature*
- *80 g de très fins vermicelles*
- *2 cubes de bouillon de volaille*
- *30 g de beurre*
- *1 litre d'eau* • *sel* • *poivre*

Mettre le beurre à fondre sur feu doux dans une cocotte en fonte.

Verser les vermicelles et laisser dorer en remuant à l'aide d'une spatule en bois.

En même temps, dans une casserole, faire chauffer l'eau sur feu vif.

Verser ensuite l'eau chaude dans la cocotte. Ajouter les cubes de bouillon de volaille. Saler, poivrer. Porter à ébullition sur feu moyen et laisser cuire 3 minutes environ à petits bouillons.

Pendant ce temps, préchauffer le four à thermostat 6.

Verser le riz dans la cocotte. Mélanger et laisser jusqu'à reprise du frémissement.

Sortir du feu. Couvrir et mettre dans le four pendant une vingtaine de minutes.

Sortir du four. Incorporer les yaourts en remuant vivement à la fourchette.

Servir aussitôt dans la cocotte de cuisson.

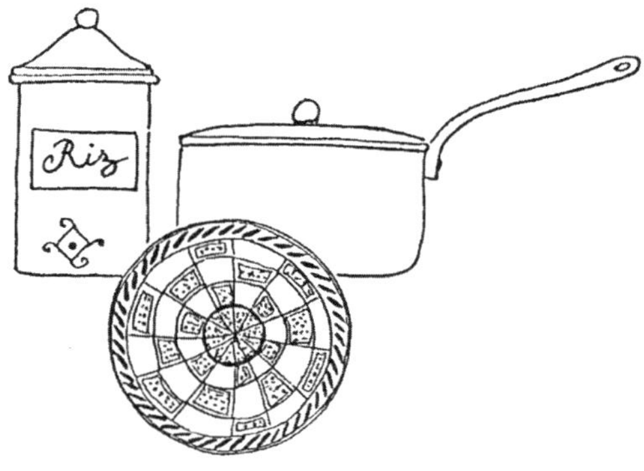

# *Purée de pommes de terre à la tunisienne*

POUR 4 PERSONNES

- *1 kg de pommes de terre*
- *6 filets d'anchois*
- *100 g de beurre*
- *1 cuillerée à soupe de câpres*
- *sel* • *poivre*

Éplucher les pommes de terre à l'aide d'un couteau économe. Les couper en quartiers.

Les mettre à cuire dans une marmite d'eau salée. Porter à ébullition sur feu vif et laisser cuire pendant 20 à 25 minutes.

Égoutter.

Dans une grande casserole, mettre le beurre et porter sur feu très doux.

Passer dans cette casserole les pommes de terre au moulin à légumes.

Bien remuer à l'aide d'une cuillère en bois.

Ajouter les filets d'anchois soigneusement dessalés sous un filet d'eau froide et coupés en petits morceaux, puis les câpres.

Remuer délicatement.

Servir très chaud.

# Aubergines au paprika et au cumin

Pour 4 personnes

- *1 kg d'aubergines*
- *6 gousses d'ail*
- *2 cuillerées à soupe de persil haché*
- *1 demi-cuillerée à café de paprika en poudre*
- *3 cuillerées à café de cumin en poudre*
- *huile d'olive (environ 15 cuillerées à soupe)*

Chauffer le four sur position gril. Mettre les aubergines entières sur la grille à mi-hauteur.

Les retourner régulièrement. Il faut que la peau soit presque brûlée. Enfoncer la lame d'un couteau dans la chair : elle doit pénétrer facilement.

Retirer alors du four. Laisser tiédir avant de les peler.

Dans un saladier, écraser la chair des aubergines à l'aide d'une fourchette.

Peler l'ail. L'écraser avec les aubergines. Ajouter le paprika et le cumin. Saler. Bien mélanger.

Verser alors de l'huile d'olive en malaxant régulièrement sans arrêt comme pour monter une mayonnaise (il faut environ une quinzaine de cuillerées à soupe d'huile).

Mettre dans le réfrigérateur pendant environ 2 heures.

Saupoudrer de persil haché au moment de servir.

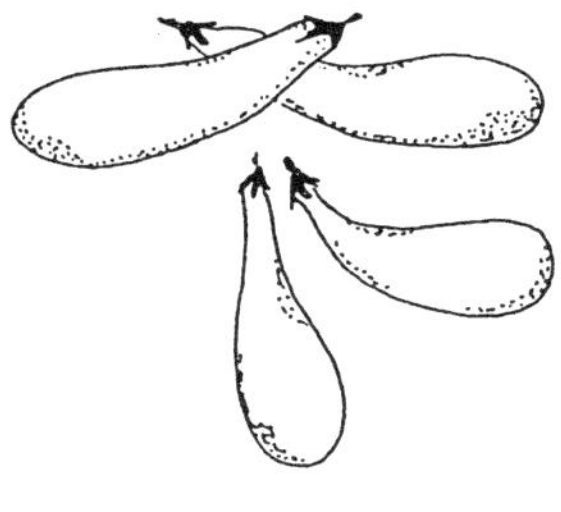

# Beignets de chou-fleur

POUR 4 PERSONNES

- 1 *chou-fleur*
- 2 *œufs*
- 3 *cuillères à soupe de farine*
- *huile pour friture*
- *sel*

Laver le chou-fleur et le cuire dans de l'eau bouillante salée pendant 10 à 15 minutes. Il ne faut pas que le chou-fleur soit trop cuit. Égoutter.

Verser la farine dans une assiette creuse, casser les œufs dessus et battre vigoureusement l'ensemble. Saler et poivrer.

Tremper les bouquets de chou-fleur un à un dans la pâte et faire frire dans l'huile chaude en y mettant plusieurs bouquets à dorer.

Servir chaud avec du citron.

# Chachouka d'aubergines

Pour 4 personnes

---

*• 4 à 6 aubergines (selon grosseur) • 60 g de beurre*
*• 250 g de viande d'agneau • 2 poivrons rouges*
*• 2 poivrons verts • 4 tomates • 2 gousses d'ail*
*• 4 cuillerées à soupe d'huile d'olive*
*• 1 cuillerée à café de tabel (voir p. 12) • 2 branches de persil*
*• huile de friture • sel • poivre*

---

Mettre l'huile de friture à chauffer sur feu vif.

Couper l'extrémité verte des aubergines.

Les couper en deux dans le sens de la longueur. Pratiquer des incisions dans la chair à l'aide d'un couteau pointu.

Plonger les aubergines dans la friture pendant environ 2 minutes. Égoutter dans un plat creux, sur du papier absorbant.

Évider alors délicatement les moitiés d'aubergines, en veillant à ne pas percer la peau.

Préchauffer le four à thermostat 6.

Si besoin, dégraisser la viande à l'aide d'un couteau bien affûté. Couper en petits morceaux.

Couper les poivrons en deux, enlever les graines et les nervures intérieures, puis couper la chair en fines lamelles.

Peler les tomates, les épépiner et les concasser. Peler l'ail. Écraser la chair. Hacher le persil.

Dans une grande sauteuse, mettre l'huile d'olive et la moitié du beurre. Porter sur feu doux. Quand le beurre est fondu, mettre la viande coupée en petits dés. Ajouter les poivrons, les tomates, l'ail et le persil. Laisser revenir sur feu moyen pendant une dizaine de minutes en remuant de temps en temps.

Ajouter alors la chair des aubergines grossièrement hachée. Saler, poivrer, ajouter le tabel. Bien mélanger et laisser cuire encore pendant 10 minutes.

Farcir les coques d'aubergines avec cette préparation. Poser par-dessus une noisette de beurre.

Beurrer un plat à four. Disposer les moitiés d'aubergines farcies dans ce plat et enfourner pendant environ 20 minutes.

Servir très chaud.

# *Macaronis à la tunisienne*

POUR 6 PERSONNES

- *500 g de macaronis*
- *400 g de viande de veau*
- *125 g de purée de tomate*
- *4 gousses d'ail*
- *3 cuillères à soupe d'huile*
- *4 gousses d'ail*
- *4 feuilles de laurier*
- *1 cuillère à café de tabel (voir p. 12)*
- *sel et poivre*

Préparation de la sauce : couper la viande en morceaux, saler, poivrer et ajouter le tabel. Verser dans une casserole avec l'huile, la purée de tomate délayée dans un verre d'eau, l'ail écrasé et le laurier. Couvrir d'un litre d'eau et faire cuire à couvert jusqu'à ce que la viande soit bien cuite et la sauce assez épaisse.

Cuire les pâtes dans un grand volume d'eau salée pendant 15 minutes. Égoutter.

Verser les pâtes dans la sauce, bien mélanger et servir chaud.

## *Variante*

Vous pouvez également proposer à vos convives cette préparation sous la forme d'un gratin. Verser le mélange pâte + sauce dans un plat allant au four, saupoudrer de 125 g de gruyère râpé et faire gratiner une quinzaine de minutes.

# Chachouka de fèves

Pour 4 personnes

---

*• 500 g de petites fèves fraîches (il faut choisir des fèves tendres, que l'on pourra préparer et consommer entières)*
*• 1 oignon • 3 gousses d'ail • 500 g de blettes*
*• 1 petite boîte de concentré de tomates*
*• 10 cl d'huile d'olive*
*• 1 cuillerée à café de piment en poudre*
*• 2 cuillerées à soupe de persil haché*
*• 15 cl d'eau • sel*

---

Couper les extrémités des gousses de fèves.

Détailler en morceaux.

Peler l'oignon et l'ail. Émincer finement.

Laver les feuilles de blettes soigneusement. Les couper en morceaux.

Dans une sauteuse, mettre l'huile d'olive à chauffer sur feu moyen. Verser l'oignon et l'ail émincés et laisser prendre couleur en remuant.

Ajouter alors le concentré de tomates délayé dans 20 cl d'eau, puis le piment en poudre, les fèves coupées, les blettes. Saler. Couvrir et laisser cuire sur feu doux pendant environ 45 minutes en remuant de temps en temps (si besoin, rajouter un peu d'eau en cours de cuisson).

Dès la cuisson terminée, enlever du feu.

Verser dans un plat de service, parsemer de persil haché.

Servir chaud.

# Viandes, volailles, tajines

# *Agneau aux tomates et aux pignons*

Pour 4 personnes

- *500 g d'épaule d'agneau*
- *2 kg de tomates* • *4 oignons*
- *5 gousses d'ail*
- *4 cuillerées à soupe de beurre clarifié*
- *100 g de pignons de pin*
- *3 feuilles de coriandre fraîche*
- *sel* • *poivre*

Dégraisser la viande si besoin. Couper en morceaux et passer au hachoir.

Dans une grande sauteuse, faire dorer légèrement les pignons dans le beurre clarifié. Retirer à l'aide d'une petite écumoire et réserver.

Mettre à la place les oignons pelés et hachés finement et le hachis de viande. Porter sur feu moyen et laisser environ 10 minutes tout en remuant.

Ajouter alors l'ail pelé et écrasé, les tomates pelées, épépinées et concassées. Mélanger, couvrir et laisser cuire sur feu doux pendant 25 à 30 minutes.

En toute fin de cuisson, ajouter les pignons.

Présenter dans un grand plat creux chauffé. Saupoudrer avec la coriandre finement hachée.

# Brochettes d'agneau mariné

POUR 6 PERSONNES

• 800 *g de gigot d'agneau* • 300 *g de rognons d'agneau*
• 2 *oignons* • 1 *gros oignon doux* • 1 *poivron rouge* •
1 *poivron vert* • 1 *poivron jaune* • 1 *citron*
• 5 *cuillerées à soupe d'huile d'olive*
• 1 *bonne pincée d'origan en poudre*
• 1 *bonne pincée de piment rouge en poudre*
• *sel* • *poivre*

La veille, peler les 2 oignons. Les réduire en purée à la râpe ou au mixer. Mettre cette purée dans un linge et presser fortement au-dessus d'un bol pour recueillir le jus.

Mélanger ce jus avec l'huile d'olive, le piment, l'origan, le jus de citron.

Dégraisser la viande si besoin, couper en cubes.

Bien nettoyer les rognons, les parer et les couper en deux.

Mettre toute la viande dans la marinade. Laisser reposer au réfrigérateur pendant toute la nuit.

Le jour même, enfiler sur des brochettes, en intercalant, des morceaux de viande, d'oignon doux préalablement pelé, de poivrons préalablement épépinés. Saler, poivrer.

Mettre à griller sur des braises de charbon de bois en retournant à plusieurs reprises.

On peut également les disposer dans le four, position gril.

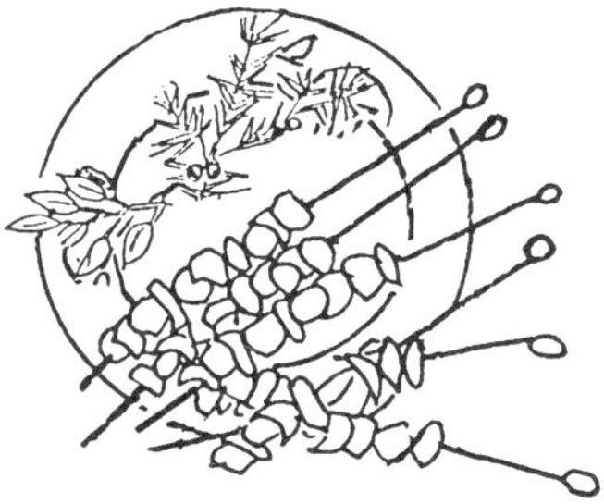

# Brochettes (variante)

Pour 4 personnes

---

• 250 *g d'épaule d'agneau* • 250 *g de veau*
• 1 *citron* • 4 *petits oignons* • 4 *tomates* • 2 *poivrons*
• 1 *gousse d'ail* • 15 *cl d'huile d'olive*
• 1 *pincée de piment en poudre*
• 4 *tranches épaisses de pain* • *romarin* • *sel* • *poivre*

---

Couper la viande en cubes.

Dans un saladier, mettre ces morceaux de viande. Ajouter l'huile d'olive, le jus du citron, la gousse d'ail pelée et écrasée, le piment. Saler, poivrer.

Couvrir et laisser macérer dans le réfrigérateur pendant 1 heure au moins en remuant de temps en temps.

Peler les oignons. Ôter les graines et les nervures intérieures des poivrons. Peler les tomates (soit à l'aide d'un couteau économe, soit en les plongeant d'abord 1 minute dans une casserole d'eau bouillante).

Couper ces légumes en gros morceaux.

Couper les tranches de pain en gros morceaux également.

Égoutter les morceaux de viande.

Sur des brochettes, alterner morceaux de viande, morceaux de légumes et de pain.

Faire chauffer le gril. Mettre alors les brochettes à cuire pendant une dizaine de minutes en les retournant deux ou trois fois et en les aspergeant de marinade.

Servir sur un plat tenu au chaud. Saupoudrer de romarin. Servir aussitôt.

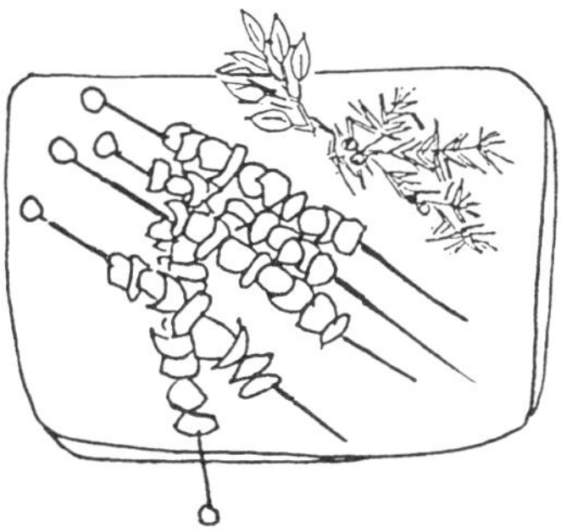

# *Gigot de chevreau*

Pour 6 personnes

---

• *1 gigot de chevreau de 1,200 kg*
• *1 kg de haricots verts fins*
• *une dizaine d'olives vertes et autant de noires dénoyautées*
• *1 tête d'ail* • *15 cl de crème fraîche*
• *quelques branches de thym frais + 3 cuillerées à soupe de fleur de thym frais*
• *6 cuillerées à soupe d'huile d'olive*
• *10 cl d'eau* • *sel* • *poivre*

---

Laver les haricots, ôter les fils si nécessaire.

Les mettre à cuire dans une grande quantité d'eau bouillante salée pendant une quinzaine de minutes. Les passer alors sous l'eau froide. Égoutter.

Hacher les olives à l'aide d'un couteau bien affûté.

Dans une sauteuse, mettre sur feu très doux la crème fraîche et laisser réduire quelques minutes en remuant. Ajouter alors les olives hachées et une cuillerée à soupe d'huile d'olive. Laisser toujours sur feu très doux pendant deux ou trois minutes en remuant. Réserver.

Préchauffer le four à thermostat 6.

Frotter le gigot avec la fleur de thym mélangée à du sel. Mettre la pièce de viande dans une grande cocotte allant au four, avec 3 cuillerées à soupe d'huile d'olive, et faire revenir sur toutes les faces sur feu vif. Ajouter les gousses d'ail sans les peler. Quand le gigot a pris une belle teinte dorée, enfourner la cocotte et laisser cuire une quinzaine de minutes en arrosant à mi-cuisson avec le jus rendu.

Sortir le gigot du four. Baisser le thermostat à 4. Envelopper dans une feuille de papier aluminium. Réserver.

Verser l'eau dans la cocotte, déglacer sur feu vif et laisser réduire aux deux tiers. Ajouter le reste de fleur de thym, le reste d'huile d'olive et ôter du feu.

Disposer sur le fond de la cocotte les branches de thym frais. Poser le gigot par-dessus. Couvrir et remettre au four pendant 5 minutes.

Pendant ce temps, dans une sauteuse, mettre les haricots à réchauffer avec la crème d'olives.

Au dernier moment, présenter les haricots sur un plat, et servir le gigot dans la cocotte de cuisson.

# Tranches de veau aux olives

Pour 4 personnes à 6 personnes

- *Un morceau de « tranche de veau » de* 800 *g*
- 250 *g d'olives vertes*
- 4 *cuillères à soupe de purée de tomate*
- 1 *tête d'ail*
- 1 *dl d'huile*
- 1 *cuillerée à soupe de tabel* (*voir p.* 12)
- 1 *cuillerée à café de poudre de piment*
- 6 *feuilles de laurier*
- *sel*

Assaisonner la tranche de viande avec le sel, le tabel et la poudre de piment.

Faire chauffer l'huile dans une cocotte et y faire roussir les gousses d'ail entières, les retirer et les jeter.

Verser sur l'huile chaude la purée de tomate délayée dans 2 verres d'eau, ajouter la viande, le laurier, couvrir et baisser le feu. Laisser cuire à feu doux environ 2 heures en retournant la viande plusieurs fois pour éviter qu'elle n'attache.

En fin de cuisson, ajouter les olives dénoyautées, faire bouillir et sortir du feu.

Servir aussitôt.

# *Poulet aux dattes et aux pignons*

POUR 4 PERSONNES

• 1 *poulet de* 1,5 *kg*
• 200 *g de riz*
• 100 *g d'amandes effilées*
• 100 *g de crème fraîche*
• 2 *oignons* • *une douzaine de dattes*
• 2 *cuillerées à soupe d'huile d'olive*
• 1 *cuillerée à soupe de curry*
• 1 *cuillerée à soupe de farine*
• 30 *g de beurre* • 225 *cl d'eau*
• *sel* • *poivre*

Couper le poulet en morceaux.

Dans une cocotte, verser l'huile d'olive à chauffer sur feu moyen. Lorsqu'elle est chaude, mettre les morceaux de poulet à blondir en les retournant à l'aide d'une cuillère en bois.

Lorsqu'ils ont pris une belle couleur dorée, ajouter les oignons préalablement pelés et hachés finement. Laisser dorer encore 3 minutes.

Saupoudrer de curry, puis de farine. Mélanger et verser 25 cl d'eau. Laisser sur feu moyen pendant environ 5 minutes.

Pendant ce temps, couper les dattes en deux et ôter le noyau.

Ajouter dans la cocotte les dattes. Saler. Couvrir et laisser mijoter pendant 40 minutes.

Dans une grande casserole, verser le reste d'eau. Saler. Mettre le riz à cuire (laisser le temps indiqué par le fabricant).

En fin de cuisson, égoutter et verser dans un plat tenu au chaud. Couvrir d'une feuille de papier aluminium.

Dans une poêle, faire dorer les amandes dans le beurre.

Retirer le poulet de la cocotte. Mettre dans un grand plat de service chaud.

Laisser un peu réduire la sauce sur feu vif. Enlever du feu, verser la crème fraîche en battant énergiquement au fouet.

Verser sur le poulet. Disposer le riz autour de la volaille. Parsemer avec les amandes. Servir.

# Sauté d'agneau aux figues

Pour 4 personnes

- *1,400 kg de poitrine d'agneau (on peut également choisir du collet ou du haut de côtes)*
- *600 g de figues fraîches pas trop mûres*
- *2 oignons* • *15 cl d'huile d'olive*
- *1 bouillon de légumes (en cube)*
- *1 cuillerée à soupe de farine*
- *25 cl d'eau* • *sel* • *poivre*

Peler les figues. Les couper en deux.

Verser l'huile dans une grande sauteuse ou dans une cocotte. Porter sur feu vif.

Couper la viande en morceaux.

Quand l'huile est bien chaude, y mettre les morceaux de viande à dorer sur toutes leurs faces en remuant à l'aide d'une cuillère en bois.

Peler et hacher finement les oignons. Les ajouter à la viande avec la farine. Bien remuer, toujours sur feu vif, jusqu'à ce que la farine commence à se colorer.

Passer alors sur feu modéré. Ajouter les figues. Saler, poivrer.

Mélanger délicatement, puis ajouter le cube de bouillon et l'eau.

Couvrir et laisser mijoter sur feu doux pendant 1 heure.

Servir aussitôt la cuisson terminée.

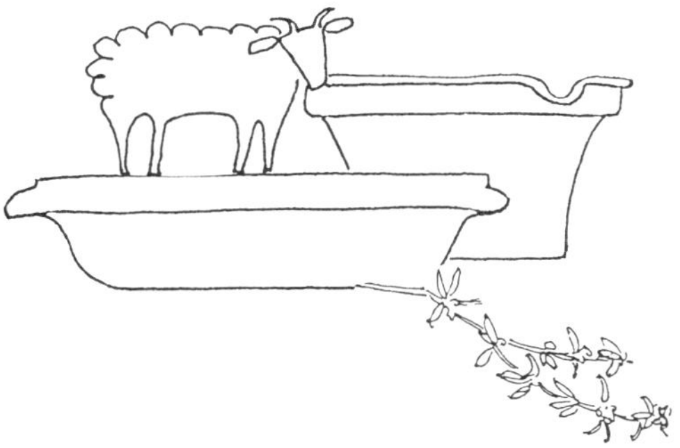

# *Feuilletés à la viande*

POUR 4 PERSONNES

• *250 g d'épaule d'agneau*
• *8 feuilles de brik*
• *1 œuf* • *1 oignon*
• *2 pincées de cannelle en poudre*
• *2 pincées de muscade en poudre*
• *2 pincées de gingembre en poudre*
• *2 pincées de cumin en poudre*
• *1 cuillerée à café de sucre en poudre*
• *huile pour friture*
• *une douzaine de feuilles de menthe fraîche*
• *sel* • *poivre*

Dégraisser si besoin la viande, et la passer au hachoir (grille fine).

La mettre à cuire dans une cocotte avec tous les aromates, l'oignon pelé et finement haché, le sucre et 5 cl d'eau.

Laisser environ 20 minutes sur feu moyen, tout en remuant pour obtenir un mélange onctueux. Retirer du feu dès que toute l'eau est évaporée.

Dans un bol, battre l'œuf au fouet comme pour une omelette. L'incorporer dans la préparation précédente en remuant vivement.

Plier chaque feuille de brik en trois.

Faire huit portions de la farce. Poser chaque portion sur une extrémité de chaque bande de feuille de brik, l'aplatir légèrement et replier la pâte en biais autour de la farce, puis replier en sens inverse et procéder de cette façon jusqu'au bout de la pâte (on doit obtenir une sorte de chausson triangulaire). Procéder ainsi jusqu'à épuisement des feuilles et de la pâte.

Mettre l'huile à chauffer dans une sauteuse.

Mettre les chaussons à frire pendant environ 5 minutes sur chaque face. Réserver au chaud sur du papier absorbant.

Servir.

# *Ragoût d'épinards*

Pour 6 personnes

- *500 g de paleron* • *2 pieds de veau*
- *1 kg d'épinards* • *200 g de haricots blancs*
- *4 gousses d'ail*
- *6 cuillerées à soupe d'huile d'olive*
- *3,5 litres d'eau*
- *1 pincée de bicarbonate de soude*
- *5 feuilles de coriandre fraîche*
- *sel* • *poivre*

La veille, mettre les haricots à tremper dans 2 litres d'eau additionnée de bicarbonate de soude.

Le jour même, laver soigneusement les épinards.

Les mettre dans une grande sauteuse et les porter sur feu doux pour leur faire rendre leur eau.

Les retirer, égoutter.

Les mettre alors dans une grande cocotte avec l'huile et la coriandre finement hachée. Porter sur feu doux et laisser brunir sans cesser de remuer.

Couvrir d'eau, ajouter les haricots, les pieds de veau fendus en deux, la viande de bœuf coupée en 6 morceaux, l'ail épluché et écrasé. Saler, poivrer. Porter à ébullition sur feu vif. Couvrir, passer sur feu doux et laisser frémir pendant 2 à 3 heures. Lorsque l'huile surnage dans un bouillon très réduit, la cuisson est terminée.

Servir aussitôt accompagné de graine de couscous.

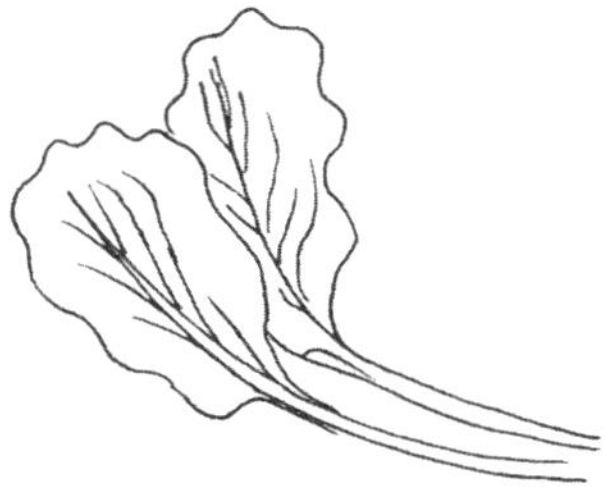

# Poulet farci

POUR 6 PERSONNES

- *1 poulet de 1,8 kg*
- *100 g de graine de couscous*
- *150 g de raisins secs*
- *80 g d'amandes mondées*
- *125 g de beurre*
- *1 oignon*
- *1 cuillerée à café de ras el-hanout*
- *1 pincée de gingembre en poudre*
- *1 pincée de safran en poudre*
- *2,5 litres d'eau*
- *sel* • *poivre*

Verser la graine de couscous dans un plat creux. Arroser avec 25 cl d'eau salée. Mélanger.

Verser cette graine dans la partie haute du couscoussier.

Verser 2 litres d'eau dans la marmite du couscoussier. Porter sur feu vif jusqu'à ébullition. Poser alors la partie haute sur la marmite et laisser cuire pendant une trentaine de minutes.

Quand la graine de couscous est cuite, la mettre dans un grand saladier.

Ajouter les amandes préalablement hachées, les raisins secs, 25 g de beurre bien ramolli, le ras el-hanout. Saler. Bien mélanger.

Farcir le poulet avec cette préparation en tassant à l'aide d'une cuillère. Coudre l'ouverture avec du fil de cuisine.

Mettre le poulet dans une grande cocotte. Ajouter le reste de beurre, l'oignon pelé et émincé finement, le safran et le gingembre. Saler. Ajouter le reste d'eau préalablement portée à ébullition. Mettre sur feu vif jusqu'à la reprise du bouillonnement, passer ensuite sur feu doux et laisser cuire pendant 1 h 30 en couvrant à moitié.

Disposer le poulet dans le plat de service tenu au chaud. Napper avec de la sauce et présenter le reste dans une saucière.

# Fricassée d'agneau aux aubergines

POUR 4 PERSONNES

• 800 *g d'épaule d'agneau* • 1 *kg de petites aubergines*
• 2 *oignons* • 3 *tomates*
• 10 *cl d'huile d'olive*
• 1 *pincée de poivre de Cayenne*
• *bouquet garni* • 20 *cl d'eau* • *sel*

Couper les aubergines en morceaux. Mettre dans une terrine. Saler, mélanger. Laisser pendant une quinzaine de minutes pour faire dégorger.

Pendant ce temps, couper la viande en gros cubes.

Faire chauffer l'huile dans une grande sauteuse. Y verser les morceaux de viande et les laisser dorer en les retournant à l'aide d'une cuillère en bois.

Peler les oignons. Les hacher.

Peler les tomates (soit à l'aide d'un couteau économe, soit en les plongeant préalablement dans une casserole d'eau bouillante). Les épépiner et les concasser.

Ajouter oignons et tomates dans la sauteuse. Saler, ajouter le poivre de Cayenne, le bouquet garni et laisser cuire sur feu vif pendant une dizaine de minutes.

Dans une casserole, mettre à bouillir 20 cl d'eau.

Égoutter les aubergines et les ajouter dans la sauteuse. Verser l'eau bouillante.

Couvrir et laisser cuire lentement sur feu doux pendant 1 heure à 1 h 30 (les aubergines doivent être presque réduites en purée).

Servir aussitôt.

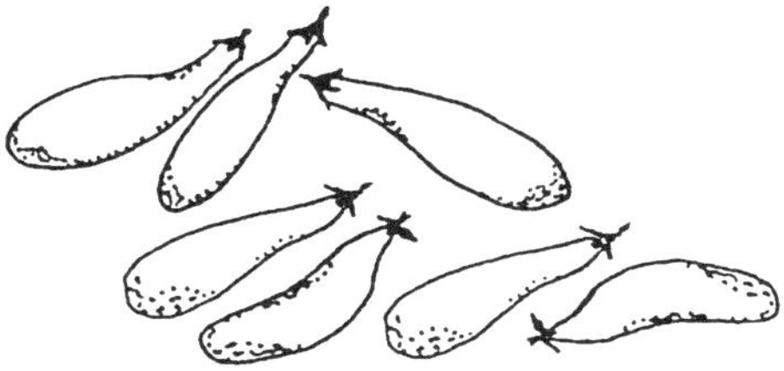

# *Poule aux pois chiches et aux navets*

POUR 6 PERSONNES

- *1 poule de 2 kg environ prête à cuire*
- *500 g de petits navets nouveaux* • *250 g de pois chiches*
- *4 oignons* • *1 citron*
- *50 g de beurre* • *1 pincée de safran*
- *1 pincée de poivre de Cayenne*
- *eau* • *sel* • *poivre*

La veille, mettre les pois chiches à tremper dans une grande quantité d'eau froide.

Le jour même, égoutter les pois chiches. Les mettre à cuire dans une grande casserole d'eau salée, sur feu vif, pendant 1 heure environ.

Dans un faitout, verser les pois chiches égouttés. Ajouter l'oignon pelé et coupé en petits morceaux, le safran, le poivre de Cayenne. Verser 2 litres d'eau, et mettre la poule.

Couvrir et laisser cuire sur feu moyen pendant 2 heures.

Au bout de ce temps, ajouter les navets nouveaux épluchés et le beurre. Compter encore environ 35 minutes de cuisson à partir de la reprise du frémissement (les légumes doivent être réduits en purée).

Retirer alors la poule. La désosser. Hacher la chair finement à l'aide d'un couteau très tranchant. Remettre dans le faitout. Ajouter le jus du citron. Servir très chaud.

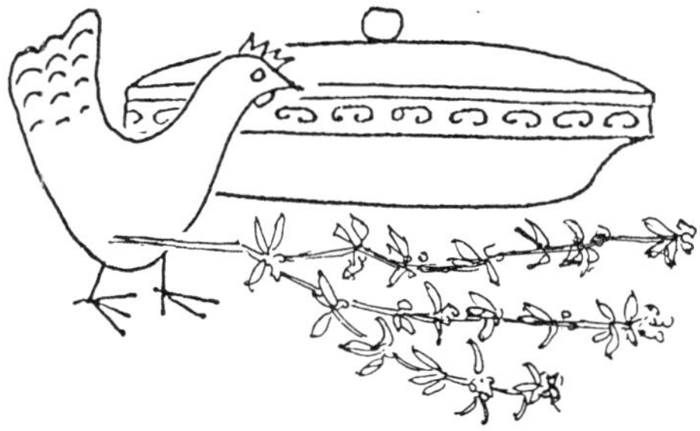

# *Poulet aux olives et aux citrons confits*

Pour 4 personnes

---

*• 1 poulet prêt à cuire de 1,5 kg environ avec ses abats*
*• 200 g d'olives vertes dénoyautées • 3 citrons confits en rondelles*
*• 1 oignon • 2 gousses d'ail • 10 cl d'huile d'olive*
*• 1 pincée de safran • 4 branches de persil*
*• 1 petit bouquet de coriandre fraîche*
*• eau • sel • poivre*

---

Préchauffer le four à thermostat 7.

Peler les oignons et l'ail. Hacher au mixer, avec le persil et la coriandre.

Étaler ce hachis dans une cocotte allant au four. Saler, poivrer, ajouter la pincée de safran.

Poser le poulet par-dessus. Ajouter 3 grands verres d'eau. Couvrir et enfourner. Laisser pendant 40 minutes.

Retourner alors le poulet, ajouter le gésier et le foie. Remettre dans le four et laisser pendant encore 40 à 45 minutes.

Retirer du four. Sortir le poulet de la cocotte. Le couper en morceaux.

Dans la cocotte, avec la sauce de cuisson de la volaille, ajouter aux abats les olives et les rondelles de citrons confits. Poser sur feu modéré et laisser cuire pendant 30 minutes.

Environ 10 minutes avant la fin de la cuisson, ajouter les morceaux de poulet.

Retirer du feu et servir aussitôt.

Servir avec un accompagnement de patates douces, de riz ou de rondelles de bananes passées dans du beurre.

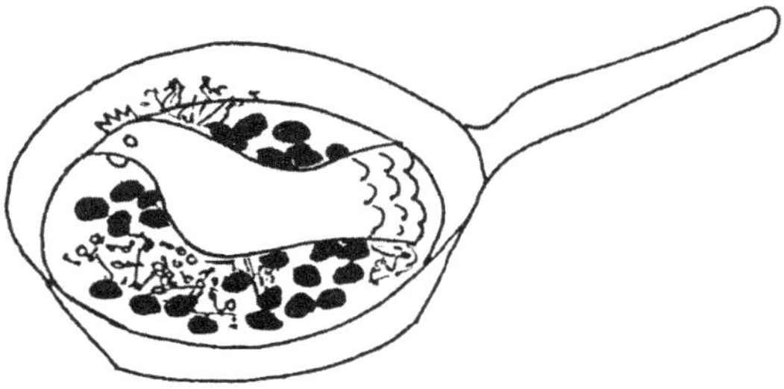

# *Agneau grillé à la menthe fraîche*

POUR 4 PERSONNES

• *1 selle d'agneau de 1,2 kg*
• *1 poignée de feuilles de menthe fraîche*
• *80 g de beurre*
• *1 demi-verre de vinaigre de vin*
• *30 g de sucre en poudre*
• *eau* • *sel* • *poivre*

Ouvrir la selle d'agneau et l'aplatir.

Badigeonner de beurre fondu. Saler, poivrer.

Poser sur la grille du four, au-dessus de la lèchefrite.

Allumer le four à thermostat 6 et laisser cuire une quarantaine de minutes. Bien arroser à plusieurs reprises avec le jus de cuisson. Retourner la pièce de viande à mi-cuisson.

Pendant ce temps, verser le vinaigre dans une casserole. Ajouter un demi-verre d'eau et le sucre. Mélanger. Porter à ébullition sur feu vif. Aux premiers bouillons, retirer du feu. Verser dans une saucière et réserver au chaud.

Dès que la viande est cuite, la poser sur un plat de service tenu au chaud.

Ajouter les feuilles de menthe dans la saucière.

Servir la viande en présentant de la sauce, à part.

Accompagner avec de la graine de couscous revenue au beurre.

# Tajine à la menthe

POUR 4 PERSONNES

---

- *400 g de viande de mouton dégraissée*
- *200 g de haricots secs*
- *7 œufs* • *4 tomates*
- *2 oignons*
- *1 petit verre d'huile d'olive*
- *4 cuillerées à soupe de feuilles de menthe fraîche*
- *une demi-cuillerée à café de girofle en poudre*
- *une demi-cuillerée à café de cannelle en poudre*
- *eau* • *sel* • *poivre*

---

La veille, mettre les haricots à tremper dans une grande quantité d'eau froide.

Le jour même, couper la viande en cubes de grosseur moyenne.

Mettre dans un saladier, ajouter la cannelle et le girofle. Bien mélanger. Mettre pendant au moins 2 heures dans le réfrigérateur.

Au bout de ce temps, faire chauffer l'huile d'olive dans une cocotte.

Peler l'oignon. Émincer finement. Verser dans l'huile chaude et ajouter les cubes de viande. Mélanger. Dès que l'ensemble commence à prendre couleur, ajouter les tomates préalablement pelées, épépinées et concassées, un demi-verre d'eau et les haricots égouttés.

Laisser mijoter au moins 2 heures sur feu modéré. Si besoin, rajouter un peu d'eau en cours de cuisson.

Saler, poivrer.

Préchauffer le four à thermostat 6.

Dans un bol, battre les œufs comme pour une omelette. Ajouter les feuilles de menthe hachées.

Verser le contenu de la cocotte dans un tajine. Ajouter les œufs battus et la menthe en mélangeant délicatement. Couvrir. Enfourner et laisser cuire pendant 35 minutes environ.

Servir dans le récipient de cuisson.

# *Tajine de mouton au piment*

POUR 4 PERSONNES

---

• *1 épaule de mouton de 1,5 kg*
• *3 poivrons rouges* • *3 poivrons verts*
• *1 citron* • *6 gousses d'ail*
• *3 cuillerées à café de harissa*
• *une demi-cuillerée à café de carvi en poudre*
• *une demi-cuillerée à café de paprika*
• *une demi-cuillerée à café de coriandre en poudre*
• *1 verre d'huile d'olive* • *sel* • *poivre*

---

Dégraisser soigneusement la viande à l'aide d'un couteau bien affûté.

Enduire la pièce d'huile. Saler, poivrer.

Poser dans un plat à four huilé.

Couper les poivrons en quatre. Enlever les graines et les nervures intérieures.

Préchauffer le four à thermostat 7.

Dans un bol, verser la harissa, le jus du citron, le carvi et la coriandre. Ajouter l'ail pelé et écrasé. Saler. Bien mélanger.

Enduire la pièce de viande avec cette préparation. Mettre dans le four. Au bout de 5 minutes, réduire la température à thermostat 5 et attendre une dizaine de minutes pour ajouter les poivrons. Laisser cuire pendant 40 minutes environ (si la viande et les poivrons prennent couleur trop rapidement, couvrir avec une feuille de papier aluminium, et la retirer 5 minutes avant la fin de la cuisson). Si besoin, rajouter un peu d'eau en cours de cuisson.

Disposer sur le plat de service. Présenter accompagné de la sauce de cuisson dans une saucière.

# *Tourte à l'orientale*

Pour 6 personnes

*• 250 g de viande de bœuf • 250 g de viande d'agneau • 500 g de viande de poulet • 800 g de pommes de terre • 6 oignons • 2 gousses d'ail • 200 g de crème fraîche • 30 g de beurre • 50 g de raisins secs • 50 g d'amandes mondées • 2 pincées de noix de muscade en poudre • 2 pincées de paprika en poudre • 2 pincées de cannelle en poudre • 2 pincées de cumin en poudre • eau • sel • poivre*

Mettre 2 litres d'eau à bouillir dans un faitout. Saler.

Peler les pommes de terre. Les couper en rondelles épaisses et les mettre dans le faitout. Compter une quinzaine de minutes à partir de la reprise du bouillonnement. Égoutter. Réserver.

Préchauffer le four à thermostat 7.

Hacher finement les viandes.

À part, hacher les raisins secs et les amandes. Réserver.

Peler les oignons. Les couper en morceaux. Peler et hacher l'ail. Faire prendre couleur dans une cocotte à four avec le beurre, sur feu moyen.

Ajouter alors les viandes hachées, puis la muscade, la cannelle et le cumin. Saler, poivrer. Mélanger soigneusement.

Incorporer le hachis raisins secs-amandes. Mélanger et laisser cuire sur feu doux pendant 20 minutes.

Dans un bol, verser la crème fraîche. Saler, poivrer.

Quand la préparation dans la cocotte est cuite, ajouter par-dessus les pommes de terre. Napper avec la crème fraîche. Parsemer de paprika. Mettre dans le four et laisser cuire pendant une quinzaine de minutes.

Servir très chaud dans la cocotte de cuisson.

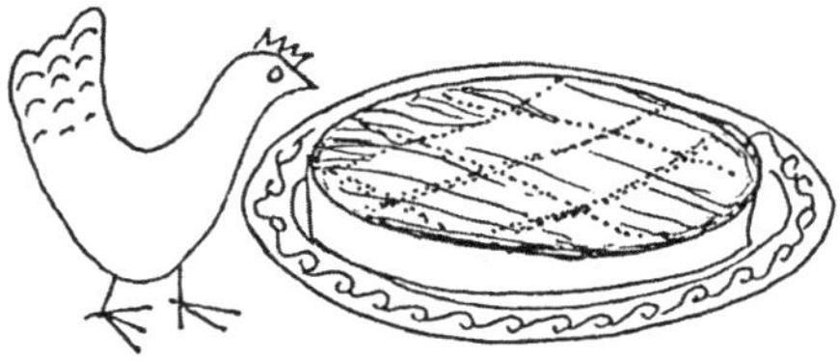

# Tajine aux poires

Pour 6 personnes

*• 1 épaule d'agneau de 1,5 kg environ*
*• 6 poires • 1 oignon*
*• 2 gousses d'ail • 1 citron vert*
*• 120 g de sucre • 1 cube de bouillon de volaille*
*• 40 g de beurre • 2 cuillerées à soupe de miel*
*• 2 cuillerées à soupe d'huile d'arachide*
*• une demi-cuillerée à café de cannelle en poudre*
*• 1 cuillerée à café de gingembre en poudre*
*• 1 bouquet de coriandre • 1 litre d'eau*
*• sel • poivre en grains • poivre*

Dégraisser la viande. La couper en morceaux.

Mettre l'huile à chauffer sur feu vif dans une grande sauteuse. Y faire dorer quelques minutes les morceaux de viande en remuant.

Dans une casserole, porter à ébullition 50 cl d'eau et y faire dissoudre le cube de bouillon de volaille.

Ajouter dans la sauteuse l'oignon pelé et haché, l'ail pelé et écrasé, le gingembre, la cannelle. Saler, poivrer. Verser le contenu de la casserole. Mettre sur feu moyen et laisser cuire pendant 45 minutes.

Pendant ce temps, verser le reste d'eau dans une grande casserole. Ajouter le sucre en poudre, une dizaine de grains de poivre concassés, le jus du citron. Porter sur feu vif et laisser 2 minutes à partir des premiers gros bouillons.

Éplucher les poires. Les couper en deux, retirer les pépins et plonger les fruits dans le sirop. Laisser pendant une dizaine de minutes à feu doux.

Retirer les fruits délicatement à l'aide d'une écumoire. Laisser égoutter.

Dans une poêle, mettre le beurre et le miel. Porter sur feu doux. Dès que le mélange est chaud, y mettre les demi-poires et laisser cuire pendant 4 à 5 minutes en les retournant délicatement.

Verser la viande dans un plat creux. Napper avec le jus de cuisson. Disposer les poires autour. Parsemer de brins de coriandre.

Servir aussitôt.

# Poissons

*Pâté de rougets*
*Sardines farcies*
*Daurade aux citrons confits*
*Colin farci à la vapeur*
*Daurade à la crème d'ail*
*Rougets à la fondue de tomates*
*Moussaka de poisson à la tunisienne*
*Thon mijoté aux olives et à la tomate*
*Daurade au safran*
*Kefta au poisson*
*Charmoula de thon*
*Carpe à la juive*
*Filets de rougets aux amandes*

# *Pâté de rougets*

POUR 4 PERSONNES

---

• 500 *g de rougets barbets* • 500 *g de pommes de terre*
• 6 *œufs* • 1 *oignon* • 25 *cl d'huile d'olive*
• 1 *cuillerée à soupe de parmesan râpé*
• 1 *cuillerée à café de harissa* • 2 *branches de persil* • *sel*

---

Bien nettoyer les poissons. Les écailler, et les laver sous un filet d'eau du robinet.

Conserver le foie des poissons.

Sur feu vif, les mettre dans une cocotte, recouvrir d'eau froide salée. Aux premiers frémissements, enlever du feu et laisser reposer pendant une dizaine de minutes.

Pendant ce temps, mettre les pommes de terre à cuire dans une grande cocotte d'eau salée.

Sortir délicatement les poissons à l'aide d'une écumoire. Prélever la chair et le foie en enlevant soigneusement les arêtes. Émietter. Réserver.

Préchauffer le four à thermostat 5.

Peler les pommes de terre cuites. Les écraser à la fourchette dans une terrine ou une cocotte allant au four. Ajouter la chair des poissons, le persil haché et l'oignon haché. Verser encore l'huile, les œufs entiers préalablement battus au fouet dans un bol, le parmesan et la harissa diluée dans une cuillerée à soupe d'eau. Saler.

Bien mélanger pour obtenir une pâte lisse homogène.

Lisser la surface avec le dos d'une cuillère.

Mettre au four pendant environ 30 minutes. Dès que le dessus du pâté est bien doré, sortir la terrine.

Couper des tranches et servir.

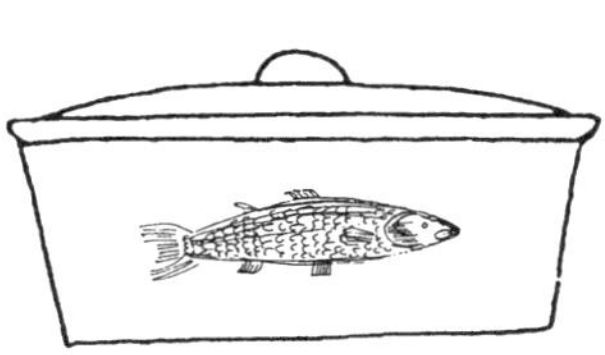

# Sardines farcies

POUR 4 PERSONNES

• 1 *kg de sardines*
• 2 *œufs* • 1 *oignon*
• 2 *citrons* • 50 *g de farine*
• 50 *g de fromage râpé*
• *persil* • *huile de friture*
• *eau* • *sel* • *poivre*

Vider les sardines. Couper les têtes. Passer sous un filet d'eau du robinet puis essuyer dans du papier absorbant.

Ouvrir les sardines en deux et retirer l'arête centrale.

Dans une casserole, mettre un peu d'eau salée. Plonger trois ou quatre sardines dans cette eau, mettre sur feu vif. Aux premiers bouillons, retirer les sardines à l'aide d'une écumoire.

Égoutter et écraser à la fourchette.

Peler l'oignon et le hacher fin. Hacher également le persil.

Mélanger ce hachis aux sardines écrasées. Ajouter le parmesan râpé et un œuf entier. Mélanger pour obtenir une préparation homogène. Saler, poivrer.

Farcir les autres sardines avec ce mélange.

Faire chauffer l'huile de friture (elle doit être très chaude mais ne pas fumer).

Verser la farine dans une assiette creuse. Battre l'œuf restant comme pour une omelette. Le mettre dans une autre assiette creuse. Passer les sardines d'abord dans la farine, puis dans l'œuf battu.

Plonger alors les poissons dans le bain de friture chaud, pendant environ 5 minutes. Procéder par petites quantités pour une meilleure cuisson. Retirer les sardines cuites à l'aide d'une écumoire (procéder délicatement pour ne pas briser les poissons) et égoutter sur du papier absorbant, puis poser sur un plat tenu au chaud.

Parsemer d'un peu de persil haché. Servir chaud, avec les citrons découpés en quartiers.

# *Daurade aux citrons confits*

POUR 4 PERSONNES

---

*• 1 belle daurade royale de 1 kg*
*• 20 tranches de citron confit*
*• 20 cl d'huile d'olive*
*• 1 cuillerée à café de paprika*
*• 1 cuillerée à soupe de coriandre hachée*
*• sel • poivre*

---

Préchauffer le four à thermostat 8.

Laver la daurade, l'écailler, la vider et couper les nageoires (ces opérations fastidieuses peuvent être faites par votre poissonnier). Pratiquer quelques incisions sur les deux faces à l'aide d'un couteau bien affûté.

Dans un plat à four, disposer les tranches de citron confit (en conserver trois ou quatre pour mettre sur le poisson). Poser la daurade par-dessus, saler, poivrer. Saupoudrer avec la coriandre et le paprika. Disposer les tranches de citron restantes sur le dessus du poisson. Arroser d'huile d'olive.

Enfourner, et au bout de 3 minutes environ, baisser le thermostat à 5.

Laisser cuire pendant 40 à 45 minutes en arrosant régulièrement avec le jus de cuisson.

(Si le poisson prend une teinte dorée trop rapidement, poser dessus une feuille de papier aluminium et la retirer 5 minutes avant la fin de la cuisson.)

Servir avec des pommes de terre vapeur.

# *Colin farci à la vapeur*

Pour 4 personnes

*• 1 colin de 1 kg • 3 œufs*
*• 100 g d'olives vertes dénoyautées*
*• un demi-citron • 50 g de mie de pain*
*• 10 cl de lait • 1 cuillerée à café de paprika*
*• 2 échalotes • 2 gousses d'ail*
*• 1 feuille de laurier • 3 branches de persil*
*• 1 litre d'eau • 20 g de gros sel*
*• sel • poivre*

Laver et vider le poisson : ouvrir la partie ventrale sur toute la longueur de l'abdomen et retirer l'arête centrale sans abîmer le poisson. Il faut que celui-ci puisse en fin d'opération être ouvert en deux moitiés encore attachées par la tête. Réserver sur du papier absorbant.

Mettre les œufs à durcir dans de l'eau salée, pendant 10 minutes.

Écaler les œufs, les hacher finement au couteau.

Mettre la mie de pain à tremper dans le lait, essorer.

Couper les olives en petits morceaux.

Hacher le persil. Peler 1 échalote et l'ail, et les émincer finement.

Mettre tous ces ingrédients dans un bol et bien mélanger. Ajouter le paprika. Saler, poivrer.

Farcir le poisson avec cette préparation. Recoudre au fil de cuisine.

Dans une cocotte pour cuisson à la vapeur, mettre l'eau dans la partie inférieure. Ajouter le gros sel. Poser le poisson dans la partie supérieure avec le laurier et le demi-citron coupé en tranches fines. Saler modérément.

Mettre sur feu vif. Aux premiers frémissements, passer sur feu doux et laisser cuire pendant 20 minutes.

Sortir le poisson délicatement à l'aide d'une large spatule et présenter sur un plat de service. Accompagner de petites pommes de terre cuites à l'eau.

# *Daurade à la crème d'ail*

Pour 4 personnes

• 1 *daurade de 1,5 kg* • 1 *kg de petites pommes de terre*
• 1 *oignon* • 1 *citron vert*
• 2 *cuillerées à soupe de crème d'ail*
• 1 *cuillerée à café de harissa* • 1 *cuillerée à café de fleur de thym*
• 6 *cuillerées à soupe d'huile d'olive* • *sel* • *poivre*

Écailler la daurade, la laver, la vider (toutes ces opérations peuvent être effectuées par votre poissonnier). Réserver le foie et la laitance ou les œufs. Poser sur du papier absorbant.

Dans un saladier, mélanger soigneusement la crème d'ail, la harissa, 1 cuillerée à soupe d'huile d'olive et la moitié du jus du citron. Enduire le poisson, intérieur et extérieur, avec cette préparation. Ajouter les œufs (ou la laitance). Laisser reposer dans le bas du réfrigérateur pendant au moins 2 heures.

Préchauffer le four à thermostat 5.

Peler les pommes de terre et les couper en rondelles très fines.

Dans un plat à four, disposer l'oignon pelé et finement émincé, puis les pommes de terre. Poser par-dessus le poisson. Arroser avec le reste d'huile d'olive, saupoudrer de fleur de thym. Ajouter le jus du demi-citron restant et celui de la marinade. Saler, poivrer.

Enfourner et laisser cuire pendant 30 minutes (il faut que le poisson soit bien doré. Si la couleur prend trop vite, poser sur le poisson une feuille de papier aluminium, et la retirer 5 minutes avant la fin de la cuisson).

Servir très chaud.

# Rougets à la fondue de tomates

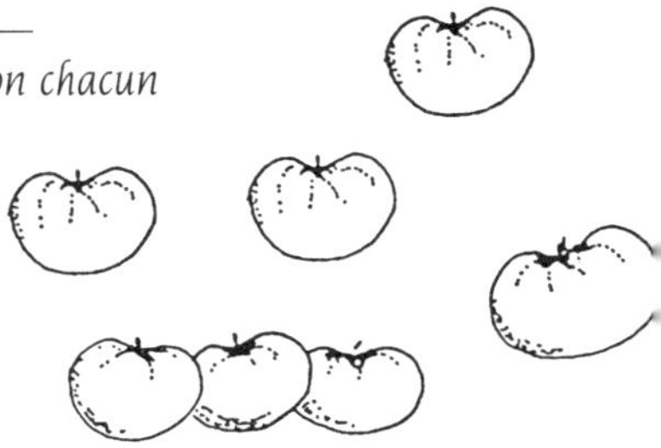

POUR 4 PERSONNES

- *4 rougets barbets de 200 g environ chacun*
- *6 tomates*
- *2 oignons*
- *2 gousses d'ail*
- *1 citron*
- *40 g de farine*
- *10 cl de lait*
- *2 cuillerées à soupe d'huile d'olive*
- *1 pincée de poivre de Cayenne*
- *1 pincée de safran* • *persil*
- *bouquet garni* • *sel* • *poivre*

Peler les tomates (soit à l'aide d'un couteau économe, soit en les plongeant préalablement pendant 1 minute dans une casserole d'eau bouillante). Les épépiner et les concasser grossièrement.

Peler les oignons, éplucher l'ail. Hacher finement, ainsi que le persil.

Dans une sauteuse, mettre l'huile à chauffer. Ajouter les tomates, les oignons, l'ail, le persil, ainsi que le bouquet garni. Saler, ajouter le poivre de Cayenne et le safran.

Laisser cuire sur feu très doux pendant une vingtaine de minutes en ajoutant si besoin un peu d'eau.

Pendant ce temps, laver les rougets. Bien les essuyer dans du papier absorbant.

Les passer dans le lait salé et poivré, puis dans la farine.

Mettre l'huile à chauffer dans une grande poêle. Déposer les rougets dans cette poêle et cuire sur feu moyen pendant 5 minutes en retournant les poissons à mi-cuisson.

Retirer délicatement à l'aide d'une spatule les rougets et les mettre dans la sauteuse, sur feu doux, pendant encore 5 minutes.

Disposer ensuite les rougets dans une terrine (les manipuler délicatement à l'aide d'une spatule pour ne pas les briser). Ajouter la fondue de tomates.

Poser par-dessus des rondelles de citron et laisser refroidir.

Mettre ensuite dans le réfrigérateur.

Servir froid, le jour même ou le lendemain.

# *Moussaka de poisson à la tunisienne*

POUR 4 PERSONNES

*• 4 filets de poisson (frais ou surgelé, variété au choix)*
*• 300 g de riz • 2 aubergines*
*• 1 œuf • 1 demi-citron*
*• 3 tomates • 2 gousses d'ail*
*• 15 cl d'huile d'olive • 1 pincée de cumin*
*• 1 cuillerée à soupe de persil haché*
*• 2 litres d'eau • farine*
*• sel • poivre*

Mettre l'eau à bouillir dans une grande casserole. Saler.

Aux premiers bouillons, verser le riz en pluie, remuer quelques instants et laisser cuire à feu moyen pendant le temps indiqué par le fabricant.

Pendant ce temps, dans une casserole, mettre 1 cuillerée à soupe d'huile d'olive, les tomates préalablement pelées, épépinées et concassées, le persil haché, les gousses d'ail pelées, le cumin. Saler, poivrer. Mélanger. Laisser cuire sur feu moyen pendant une quinzaine de minutes en remuant de temps en temps.

Couper la partie verte des aubergines. Couper ensuite chaque aubergine en tranches épaisses dans le sens de la longueur. Fariner légèrement sur chaque face.

Allumer le four à thermostat 6. Huiler légèrement un plat à feu profond.

Faire chauffer sur feu vif un peu d'huile d'olive. Mettre à dorer les tranches d'aubergines, puis égoutter.

Nettoyer la poêle. Y verser le reste d'huile d'olive. Faire chauffer sur feu vif. Mettre les filets à dorer sur chaque face.

Dans le plat à four, disposer en couches alternées le riz, le poisson, les tranches d'aubergines en salant et poivrant chaque fois. Puis verser la sauce tomate.

Battre l'œuf avec du sel, du poivre et le jus du citron. Verser sur la préparation.

Enfourner et laisser cuire pendant une vingtaine de minutes, en laissant bien gratiner.

Servir chaud.

# *Thon mijoté aux olives et à la tomate*

POUR 4 PERSONNES

---

- *4 belles tranches de thon de 200 g chacune environ*
- *100 g d'olives vertes dénoyautées*
- *4 tomates* • *1 gros oignon*
- *3 gousses d'ail* • *25 g de raisins secs*
- *1 cuillerée à soupe de câpres*
- *1 branche de céleri* • *15 cl d'huile d'olive*
- *3 cuillerées à soupe de farine*
- *sel* • *poivre*

---

Mettre les raisins à tremper dans un bol avec de l'eau tiède. Réserver.

Saler, poivrer et fariner légèrement chaque tranche de poisson, sur chacune des faces.

Dans une grande sauteuse, mettre l'huile à chauffer sur feu moyen. Quand elle est bien chaude, y placer les tranches de thon. Laisser environ 6 à 7 minutes sur chaque face (les retourner à l'aide d'une spatule). Quand elles sont bien dorées, les sortir et les mettre en attente dans un plat chaud.

Ôter les fils de la branche de céleri.

Peler l'oignon.

Dans la même sauteuse, mettre maintenant l'oignon et la branche de céleri hachés fin. Peler l'ail et ajouter dans la sauteuse. Laisser blondir sur feu doux.

Retirer les raisins du bol. Bien les sécher dans un linge et les ajouter dans la sauteuse, avec les câpres et les olives. Laisser mijoter pendant environ 5 minutes, toujours sur feu doux.

Préchauffer le four à thermostat 7.

Peler les tomates (soit avec un couteau économe, soit en les plongeant une minute dans une casserole d'eau bouillante). Les épépiner et les concasser.

Mettre dans la sauteuse et laisser mijoter pendant une dizaine de minutes sur feu vif.

Placer les tranches de thon dans un grand plat à four. Napper avec la sauce de la sauteuse, ajouter 10 à 15 cl d'eau et mettre au four pendant une vingtaine de minutes.

Servir aussitôt la cuisson terminée.

# Daurade au safran

POUR 4 PERSONNES

• 1 *daurade de* 1,5 *kg environ*
• 4 *belles tomates* • 2 *gros oignons*
• 2 *citrons* • 50 *g de beurre*
• 1 *verre de vinaigre*
• 1 *cuillerée à soupe d'huile d'olive*
• 3 *pincées de safran*

Écailler le poisson. Le laver sous un filet d'eau. Essuyer dans du papier absorbant.

Couper la daurade en quatre tronçons.

Dans un plat creux, verser le vinaigre, l'huile d'olive et le jus d'un citron. Saler, poivrer.

Mettre les morceaux de poisson dans cette préparation et laisser macérer dans le réfrigérateur pendant au moins 2 heures.

Peler les oignons. Les hacher fin.

Mettre le beurre dans une sauteuse. Faire fondre sur feu moyen, et quand le beurre est chaud, verser les oignons hachés. Laisser blondir en remuant à plusieurs reprises.

Dès qu'ils prennent couleur, ajouter les tomates préalablement pelées et épépinées puis concassées, ainsi que le safran. Saler, poivrer.

Couvrir la sauteuse et laisser mijoter une quinzaine de minutes.

Sortir le poisson du réfrigérateur. Mettre les tronçons dans la sauteuse, couvrir à nouveau et laisser cuire une vingtaine de minutes sur feu doux.

Servir aussitôt la cuisson terminée, accompagnée de pommes de terre vapeur ou de riz pilaf.

# *Kefta (boulettes) au poisson*

Pour 4 personnes

- *500 g de filets de poisson* • *2 oignons* • *2 œufs* • *2 verres d'huile d'olive*
- *1/2 cuillerée à soupe de graines de cumin*
- *1/2 cuillerée à soupe de paprika en poudre*
- *persil haché* • *farine* • *sel* • *poivre*

Mettre les filets de poisson à cuire quelques minutes dans une casserole d'eau salée.

Pendant ce temps, peler les oignons. Les hacher finement.

Passer les graines de cumin au mixer.

Dans un saladier, mettre les filets de poisson. Les piler à l'aide d'un mortier. Ajouter l'oignon haché, le cumin, le paprika, 3 cuillerées à soupe de persil haché. Saler, poivrer.

Mélanger en ajoutant un à un les œufs entiers. Malaxer pour obtenir un mélange homogène.

Mettre l'huile à chauffer dans une sauteuse.

Prélever dans la pâte, à l'aide d'une cuillère, des morceaux de la grosseur d'une petite mandarine. Aplatir légèrement. Rouler dans de la farine.

Mettre ces boulettes dans la sauteuse et laisser pendant 3 minutes environ sur chaque face, pour qu'elles prennent une belle teinte dorée. Procéder par petites quantités pour une meilleure cuisson.

Sortir à l'aide d'une écumoire et laisser égoutter sur du papier absorbant, dans un plat chaud.

Servir présenté sur un plat de service chaud.

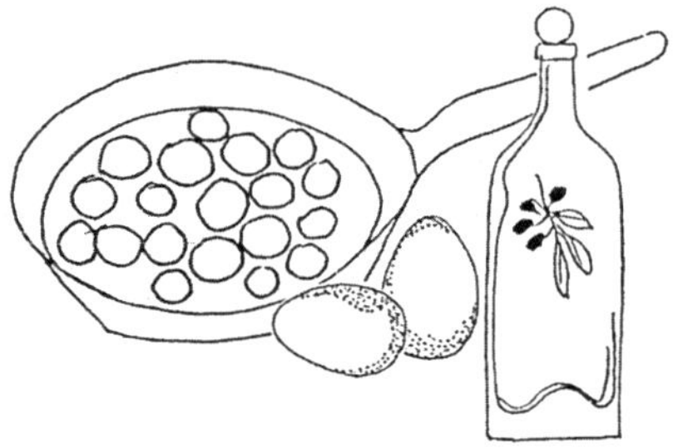

# *Charmoula de thon*

POUR 8 PERSONNES

*• 5 belles tranches de thon de 200 g environ chacune*
*• 5 oignons • 150 g de raisins secs*
*• 1 citron • 1 cuillerée à soupe de miel*
*• 15 cl d'huile d'olive • 10 cl de vinaigre*
*• 1 cuillerée à café de ras el-hanout*
*• 1 cuillerée à café de cannelle en poudre*
*• 1 cuillerée à café de cumin en poudre*
*• 1 cuillerée à soupe de harissa • farine*
*• sel • poivre*

Dans un plat creux, mettre les tranches de thon préalablement passées sous un filet d'eau froide et essuyées dans du papier absorbant.

Dans un bol, verser la moitié de l'huile d'olive, la moitié de la harissa, le cumin. Saler. Mélanger. Verser sur les tranches de thon. Mettre dans le réfrigérateur pendant une bonne heure.

Au bout de ce temps, verser dans une grande sauteuse le reste d'huile. Porter sur feu moyen et faire chauffer.

Égoutter les tranches de thon. Les fariner sur les deux faces et les mettre au fur et à mesure dans l'huile très chaude. Laisser cuire environ 5 minutes sur chaque face. Réserver dans un plat tenu au chaud.

Dans la même sauteuse, jeter les oignons pelés et coupés en fines rondelles. Ajouter le reste de harissa, le ras el-hanout. Poivrer. Bien mélanger à l'aide d'une cuillère en bois. Laisser sur feu moyen jusqu'à ce que les oignons commencent à blondir. Ajouter alors le vinaigre, les raisins secs et la cannelle. Saler. Laisser cuire doucement pendant une dizaine de minutes à découvert.

Ajouter alors les tranches de thon, ainsi que le citron coupé en fines rondelles. Laisser sur feu moyen pendant 5 minutes.

Retirer du feu. Laisser refroidir puis mettre au réfrigérateur.

Servir froid.

# *Carpe à la juive*

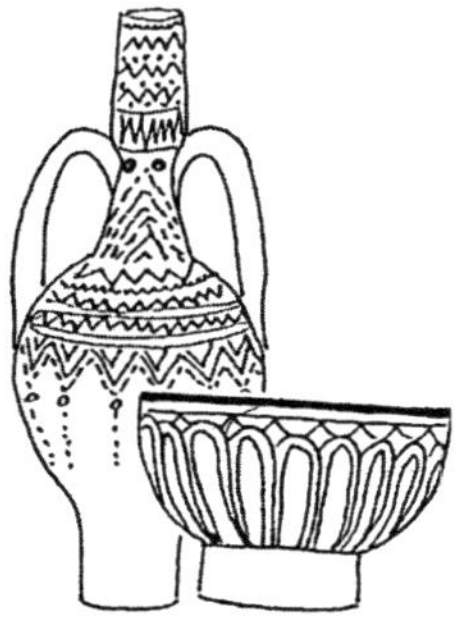

Pour 8 personnes

- *1 carpe de 2 kg environ*
- *4 gros oignons*
- *4 échalotes*
- *6 gousses d'ail*
- *100 g de beurre*
- *60 g de farine*
- *2 verres d'huile d'olive*
- *bouquet garni* • *persil haché*
- *eau* • *poivre de Cayenne* • *sel* • *poivre*

Demander à votre poissonnier d'écailler le poisson, de le vider et de lui trancher la tête.

Laver la carpe sous un filet d'eau du robinet.

Couper en tronçons de 2 cm d'épaisseur environ.

Dans une grande cocotte ou une sauteuse, mettre l'huile à chauffer sur feu vif.

Peler les oignons et les échalotes. Les émincer grossièrement. Mettre à blondir légèrement dans l'huile chaude. Dès qu'ils commencent à prendre couleur, verser la farine, mélanger à l'aide d'une cuillère en bois. Passer sur feu modéré et laisser cuire pendant 2 minutes environ.

Ajouter alors les tronçons de carpe. Couvrir d'eau. Saler, poivrer. Ajouter une pincée de poivre de Cayenne, les gousses d'ail pelées et écrasées et le bouquet garni.

Laisser reprendre l'ébullition. Couvrir, et compter alors 40 à 45 minutes sur feu modéré.

Au bout de ce temps, sortir les tronçons de carpe à l'aide d'une écumoire. Laisser égoutter et disposer sur un plat de service tenu au chaud.

Filtrer la sauce dans une casserole à travers un chinois. Porter sur feu vif pour laisser bouillir de manière qu'elle réduise d'un tiers environ. Ajouter alors le beurre en plusieurs fois tout en battant énergiquement à l'aide d'une fourchette ou d'un fouet jusqu'à la reprise de l'ébullition. Retirer aussitôt du feu.

Napper les morceaux de poisson avec cette sauce. Parsemer de persil haché.

Servir très chaud.

# Filets de rougets aux amandes

Pour 4 personnes

- *8 beaux filets de rougets barbets*
- *250 g d'amandes émondées*
- *100 g d'olives vertes dénoyautées*
- *4 tomates* • *2 citrons verts*
- *5 cuillerées à soupe d'huile d'olive*
- *1 cuillerée à soupe de fleurs de thym*
- *1 cuillerée à café de feuilles de romarin*
- *sel* • *poivre*

Laver les filets de rougets. Éponger dans du papier absorbant.

Badigeonner chaque filet d'huile d'olive. Saupoudrer de thym et de romarin. Réserver au réfrigérateur dans un plat creux.

Peler les tomates. Les épépiner et les couper en morceaux. Réserver.

Sortir les filets de poisson. Les mettre à cuire sur feu vif dans une poêle saupoudrée de sel fin. Laisser 3 minutes côté peau, 2 minutes sur l'autre face. Réserver au chaud.

Dans la même poêle, faire revenir les amandes pendant 1 minute. Ajouter alors les tomates et les olives et laisser 1 minute sur feu vif en remuant.

Verser sur les filets de rougets. Poivrer. Disposer les citrons verts coupés en quartiers. Servir aussitôt.

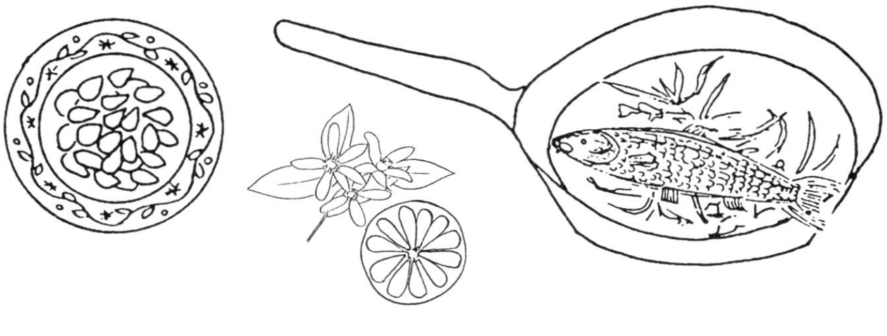

# Couscous

# Couscous au congre

Pour 6 personnes

*• 1 morceau de 1 kg de congre • 1 kg de graine de couscous fine*
*• 4 oignons • 125 g de raisins secs*
*• 2 citrons • 1 cuillerée à café de cannelle*
*• 3 cuillerées à soupe de beurre clarifié*
*• 3 cuillerées à soupe d'huile d'olive*
*• 1 pincée de safran • 2 litres d'eau • gros sel • poivre*

Couper le morceau de congre en tranches. Badigeonner avec le jus des citrons. Réserver.

Verser l'eau dans le couscoussier. Ajouter 1 oignon pelé et haché, l'huile d'olive, le safran. Saler, poivrer.

Mettre sur feu moyen et porter à ébullition.

Pendant ce temps, verser la graine de couscous dans un grand saladier. Arroser avec deux grands verres d'eau salée. Bien remuer en travaillant du bout des doigts pour bien séparer les grains et ne laisser aucun grumeau (si la graine semble trop sèche, rajouter un peu d'eau). Laisser gonfler pendant 30 minutes.

Verser ensuite la graine dans la partie supérieure du couscoussier. Poser sur la partie basse du couscoussier où se trouve le bouillon en train de bouillir. Couvrir, entourer le joint d'un linge propre noué serré. Au bout d'une vingtaine de minutes, verser la graine dans un grand plat creux. Asperger d'un grand verre d'eau, laisser tiédir et retravailler à la main, comme précédemment. Reverser ensuite la graine dans la partie supérieure du couscoussier, et remettre le tout pendant une dizaine de minutes sur la partie basse avec le bouillon dans lequel ont été ajoutées les tranches de congre.

Pendant ce temps, peler les oignons restants et les couper en rondelles fines. Mettre à revenir dans le beurre clarifié, sur feu très doux, jusqu'à ce qu'ils deviennent translucides. Ajouter alors les raisins secs et la cannelle. Laisser une ou deux minutes sur feu modéré tout en remuant, puis réserver.

Reverser alors la graine du couscous dans le plat, retravailler à la main et remettre dans le couscoussier pendant 7 à 8 minutes.

Verser à ce moment dans le plat et ajouter le beurre tout en travaillant rapidement la graine à la spatule. Mélanger avec la préparation à base d'oignons et de raisins.

Servir aussitôt très chaud, accompagné du bouillon.

# *Couscous aux légumes et à la viande*

POUR 6 PERSONNES

*• 1 kg de graine de couscous fine • 1,5 kg de viande d'agneau*
*• 3 oignons • 6 navets nouveaux*
*• 6 courgettes • 300 g de gombos*
*• 1 kg de fèves • 75 cl d'eau*
*• 1 pincée de safran • 2 cuillerées à soupe d'huile d'olive*
*• 3 feuilles de coriandre fraîche • 100 g de beurre*
*• 2 cuillerées à soupe de sel fin*
*• gros sel • poivre*

Verser la graine de couscous dans un grand plat creux. Arroser avec 25 cl d'eau salée. Bien remuer à la main. Laisser reposer pendant 30 minutes. Si la graine semble trop sèche, ajouter un peu d'eau. Il faut éviter les grumeaux.

Dans la partie basse du couscoussier, verser 50 cl d'eau. Ajouter la viande d'agneau coupée en morceaux, les oignons pelés et émincés, le safran. Saler, poivrer. Couvrir, mettre sur feu moyen et porter à ébullition. Laisser bouillir pendant 1/2 heure.

Ajouter alors les navets épluchés.

Verser la graine de coucous dans la partie haute du couscoussier. Poser sur la partie contenant le bouillon. Couvrir, entourer le joint d'un linge propre noué serré. Laisser cuire 20 minutes.

Verser alors la graine de coucous dans le plat creux. Ajouter un verre d'eau froide, laisser tiédir et retravailler à la main comme précédemment. Reverser la graine dans le couscoussier et remettre à la vapeur pendant 10 minutes après avoir ajouté dans le bouillon les courgettes coupées en gros morceaux et les gombos parés. Si le niveau d'eau paraît trop avoir baissé, ajouter une quantité nécessaire.

Verser à nouveau la graine de couscous dans le plat creux. Retravailler à la main. Ajouter les fèves écossées et épluchées dans le bouillon. Remettre la graine de couscous à la vapeur pendant 5 minutes.

Verser alors la graine de couscous dans un grand plat de service. Ajouter sur les graines le beurre, mélanger délicatement. Disposer dessus les légumes et la viande, arroser de deux ou trois louches de bouillon. Parsemer de coriandre hachée.

Servir aussitôt en présentant à part, dans des bols, le reste de bouillon et la harissa.

# Couscous sucré

POUR 6 PERSONNES

---

• *500 g de graine de couscous fine*
• *250 g de beurre* • *100 g de raisins secs*
• *80 g de noisettes mondées* • *80 g de pistaches*
• *80 g de cerneaux de noix* • *80 g de dattes* • *miel* • *50 cl d'eau environ*
• *2 cuillerées à soupe d'eau de fleur d'oranger* • *sel*

---

Verser l'eau dans la partie basse du couscoussier.

Verser la graine de couscous dans un grand plat creux. Arroser de 2 verres d'eau salée. Bien remuer. Laisser ensuite gonfler pendant environ 30 minutes.

Mettre la partie basse avec l'eau sur feu moyen pour porter à ébullition.

Travailler alors à nouveau la graine du bout des doigts pour séparer les grains. Si la préparation semble un peu trop sèche, rajouter un peu d'eau.

Verser la graine dans la partie haute du couscoussier. Poser sur la partie basse avec l'eau en train de bouillir. Couvrir, entourer le joint d'un linge propre noué serré. Laisser une vingtaine de minutes.

Reverser alors la graine dans le plat creux. Ajouter un grand verre d'eau froide, laisser tiédir, ajouter 50 g de beurre ramolli et retravailler à la main comme précédemment. Remettre la graine dans le couscoussier et laisser cuire à nouveau une dizaine de minutes.

Reverser la graine dans le plat. Retravailler, avec encore 50 g de beurre, comme précédemment après avoir ajouté les raisins secs, les noix concassées, les noisettes écrasées, les pistaches décortiquées et les dattes grossièrement hachées, ainsi que l'eau de fleur d'oranger. Puis remettre à la vapeur pendant environ 5 minutes.

Verser alors la graine de couscous dans le plat creux. Incorporer délicatement le reste de beurre presque tiédi.

Servir accompagné de miel.

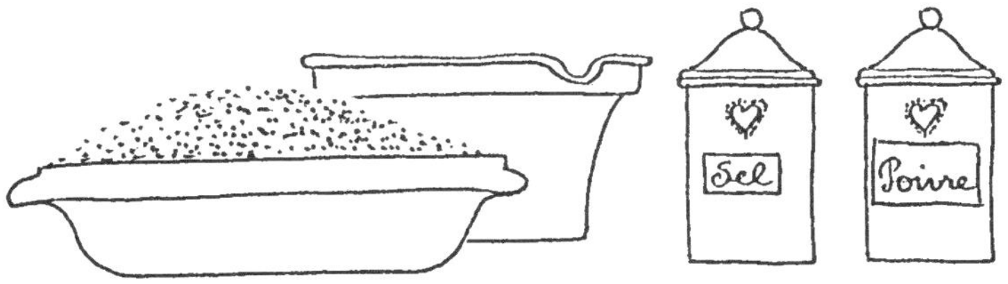

# *Couscous aux raisins secs et aux pois chiches*

POUR 8 PERSONNES

---

• 1 *kg de graine de couscous fine*
• 2 *kg de collier de mouton* • 1 *poule* • 8 *merguez*
• 3 *aubergines* • 4 *courgettes* • 2 *tomates* • 2 *carottes*
• 2 *navets* • 4 *oignons* • 2 *gousses d'ail* • 200 *g de raisins secs*
• 1 *demi-boîte de petits pois* • 1 *boîte de pois chiches*
• 1 *boîte de piments doux* • 125 *g de beurre* • 1 *verre d'huile d'olive*
• 1 *boîte de concentré de tomates* • 2 *cuillerées à café de ras el-hanout*
• 1 *cuillerée à café de cumin* • 1 *pincée de safran* • *harissa*
• *bouquet garni* • 2,5 *litres d'eau* • *sel* • *poivre*

---

Dans la marmite du couscoussier, verser 2 litres d'eau. Incorporer les oignons pelés, le concentré de tomates, 1 cuillerée à café de harissa, la moitié de l'huile d'olive, l'ail pelé, le bouquet garni. Saler, poivrer. Couvrir et mettre à bouillir sur feu moyen. Laisser environ 30 minutes.

Dans une grande cocotte, mettre la graine à couscous. Verser dessus un grand verre d'eau salée et travailler du bout des doigts en veillant à ce qu'il ne reste pas de grumeaux. Procéder à cette opération à trois reprises. La dernière fois, ajouter le reste d'huile d'olive. Laisser gonfler.

Quand le bouillon a fini de cuire, ajouter les carottes et les navets pelés, ainsi que la viande coupée en morceaux.

Dans la passoire du couscoussier, verser un quart de la graine de couscous. Poser sur la marmite, couvrir avec un torchon propre. Quand la vapeur traverse le torchon, ajouter un autre quart de la graine de couscous, recouvrez et attendre que la vapeur apparaisse (environ une quinzaine de minutes chaque fois). À ce moment, ajouter le reste de graine de semoule. Laisser environ 20 minutes. Pendant la cuisson, remuer de temps en temps délicatement à l'aide d'une fourchette.

Verser alors la graine de couscous dans un torchon propre posé dans une grande passoire. Asperger abondamment d'eau froide salée. Remuer délicatement à l'aide d'une fourchette.

Couper les aubergines en petits morceaux. Couper de la même manière les courgettes et les tomates. Ajouter ces légumes dans le bouillon toujours sur feu moyen, ainsi que le cumin et le ras el-hanout.

Mettre une louche de bouillon dans une casserole.

Remettre la semoule dans la passoire du couscoussier, et reposer celle-ci sur la marmite. Couvrir avec le torchon et laisser cuire pendant 30 minutes.

Pendant ce temps, mettre dans la casserole avec la louche de bouillon les raisins secs, les petits pois et les pois chiches égouttés, les piments doux. Ajouter une demi-cuillerée à café de harissa. Laisser sur feu doux jusqu'à frémissement.

Pendant ce temps, mettre les merguez à griller dans le four.

À la fin de la cuisson, verser la semoule dans un grand plat creux. Incorporer le beurre ramolli. Disposer autour les viandes, les merguez et les légumes.

Servir aussitôt avec, à part, le bouillon et un bol de harissa.

# *Couscous de poissons*

POUR 8 PERSONNES

---

*• 1 kg de graine de couscous moyen*
*• 1,5 kg de poissons variés (lotte, cabillaud, mulet...)*
*• 1 litre de moules*
*• 1 boîte de cœurs d'artichauts*
*• 1 petite boîte de pois chiches*
*• 500 g de raisins secs*
*• 1/2 chou frisé • 4 oignons*
*• 4 carottes • 2 tomates*
*• 1 petit céleri rave • 2 branches de céleri*
*• 1 verre d'huile d'olive • 2 g de safran*
*• sel • poivre*
*• bouquet garni • harissa*
*• 5 litres d'eau*

---

Dans la marmite du couscoussier, mettre à bouillir sur feu vif 3 litres d'eau avec 10 g de sel, 1 oignon et la carotte pelés, 1 branche de céleri.

Dans un plat creux, mettre la graine de couscous. Mouiller avec un grand verre d'eau salée, bien travailler à la pointe des doigts. Procéder ainsi à trois reprises. À la dernière, ajouter également la moitié de l'huile d'olive. Laisser gonfler.

Verser un quart de la graine à couscous dans la passoire du couscoussier. Poser sur la marmite et couvrir avec un torchon propre. Quand la vapeur traverse le torchon, au bout d'une quinzaine de minutes, ajouter un autre quart de graine de couscous. Couvrir et attendre à nouveau. Quand la vapeur sort, ajouter le reste de graine à couscous, couvrir du torchon et laisser environ 20 minutes. Pendant la cuisson, remuer de temps en temps délicatement à l'aide d'une fourchette. Verser alors la graine à couscous dans un torchon placé dans une grande passoire. Asperger d'eau froide salée. Aérer à la fourchette. Réserver au chaud.

Mettre les raisins à tremper dans un bol d'eau tiède.

Éplucher et laver tous les légumes. Dans un grand faitout, verser le reste d'huile d'olive. Mettre à chauffer sur feu moyen et verser les oignons restants pelés et coupés en fines rondelles. Ajouter les tomates et le chou coupés en petits morceaux, le pied de céleri haché, le céleri rave coupé en petites tranches fines, les carottes pelées et le bouquet garni. Mouiller avec les 2 litres d'eau restants, saler, poivrer, ajouter le safran. Porter à ébullition sur feu vif. Aux premiers bouillons, passer sur feu moyen et laisser cuire pendant 1 heure.

Pendant ce temps, bien nettoyer les poissons. Les couper en gros tronçons. Laver soigneusement les moules. Plonger le tout dans le faitout avec les légumes. Poser la passoire du couscoussier avec la graine de couscous au-dessus de la marmite. Laisser frémir pendant 15 minutes, puis ajouter les cœurs d'artichauts coupés en deux et les pois chiches.

Égoutter les raisins. Les verser sur la semoule et disposer dans un très grand plat creux. Entourer avec les légumes, les poissons et les moules égouttés. Présenter à part le bouillon et la harissa.

# Couscous au poulet

POUR 8 PERSONNES

---

*• 1 kg de graine de couscous moyen*
*• 2 poulets de 1,6 kg environ prêts à cuire*
*• 2 œufs • 1 cuillerée à soupe de concentré de tomates*
*• 4 pommes de terre • 4 carottes*
*• 4 navets • 3 tomates*
*• 2 courgettes • 1 branche de céleri*
*• 200 g de pois chiches précuits en boîte*
*• 12 gousses d'ail • 3 oignons*
*• 100 g de mie de pain*
*• une demi-cuillerée à café de quatre-épices en poudre*
*• huile d'olive • eau • sel • poivre*

---

À l'aide d'un couteau très affûté, détacher la chair de l'un des poulets (en enlevant la peau). Réserver la chair et la carcasse.

Dans la marmite du couscoussier, verser un demi-verre d'huile d'olive. Ajouter 3 gousses d'ail pelées et écrasées, les tomates pelées, épépinées et concassées, la carcasse du poulet. Verser 2 litres d'eau et porter sur feu vif.

Dans un plat creux, mettre la graine de couscous. Mouiller avec un grand verre d'eau salée, bien travailler du bout des doigts. Procéder ainsi à trois reprises. À la dernière, ajouter également un demi-verre d'huile d'olive. Laisser gonfler.

Verser ensuite un quart de la graine à couscous dans la passoire du couscoussier. Poser sur la marmite contenant le bouillon et couvrir avec un torchon propre. Laisser sur feu vif. Quand la vapeur traverse le torchon, au bout d'une quinzaine de minutes, ajouter un autre quart de graine de couscous. Couvrir et attendre à nouveau. Quand la vapeur sort, ajouter le reste de graine à couscous, couvrir du torchon et laisser environ 20 minutes. Pendant la cuisson, remuer de temps en temps délicatement à l'aide d'une fourchette. Verser alors la graine à couscous dans un torchon placé dans une grande passoire. Asperger d'eau froide salée. Aérer à la fourchette. Réserver au chaud.

Préparation des boulettes de viande : peler les oignons et les hacher fin. Mettre la mie de pain à tremper dans un peu d'eau. Hacher la chair du poulet.

Mettre tous ces ingrédients dans un saladier. Ajouter 6 gousses d'ail pelées et écrasées, la branche de céleri hachée elle aussi. Bien mélanger.

Ajouter alors la mie de pain essorée, le quatre-épices en poudre, les œufs entiers. Saler, poivrer. Malaxer vigoureusement pour obtenir un mélange homogène.

Dans un faitout, verser un demi-verre d'huile d'olive. Ajouter 50 cl d'eau, les gousses d'ail restantes pelées et écrasées, le concentré de tomates. Saler, poivrer.

Mettre à cuire sur feu vif. Aux premiers bouillons, passer sur feu doux.

Prélever au fur et à mesure dans le saladier la valeur d'une cuillerée à soupe du mélange. En faire une boulette et la plonger dans le faitout. Procéder rapidement ainsi jusqu'à épuisement du mélange haché. Laisser cuire pendant 1 heure à couvert toujours sur feu doux.

Peler les carottes, les navets, les pommes de terre (inutile de peler les courgettes).

Retirer la carcasse du poulet de la marmite du couscoussier. Mettre à la place les légumes, les pois chiches et le poulet réservé. Si besoin, rajouter un peu d'eau, et mettre à cuire sur feu vif pendant 45 minutes environ à partir de la reprise de l'ébullition. Une quinzaine de minutes avant la fin de la cuisson, remettre sur la marmite la passoire du couscoussier avec la semoule.

Au moment de servir, verser la graine de couscous dans un grand plat creux.

Mettre les boulettes dans un autre plat, les napper de sauce.

Poser le poulet entier dans un troisième plat, disposer autour les légumes et présenter le jus dans une soupière tenue au chaud.

# Couscous rouge

Pour 4 personnes

- *environ 500 g de restes de graines de coucous (déjà cuites)*
- *1 oignon blanc* • *5 gousses d'ail*
- *1 cuillerée à café de harissa*
- *1 cuillerée à café de carvi en poudre*
- *1 cuillerée à café de paprika en poudre*
- *1 petit citron vert* • *10 cl d'huile*
- *eau* • *sel*

Peler l'oignon et l'ail. Hacher fin.

Délayer la harissa dans 30 cl d'eau. Verser dans une grande casserole. Ajouter le jus du citron, l'oignon et l'ail hachés, le carvi et le paprika. Saler. Bien mélanger.

Couvrir la casserole et porter sur feu doux pendant dix minutes.

Ajouter alors la graine de couscous. Bien mélanger.

Verser dans un plat tenu au chaud et servir aussitôt.

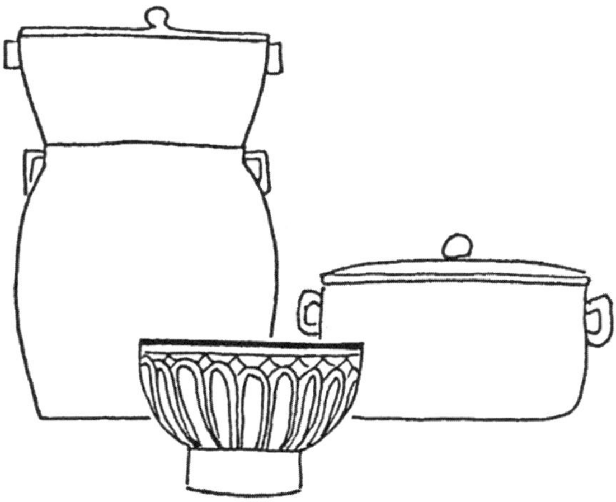

# Couscous aux coings

Pour 6 personnes

---

• 400 *g de restes cuits de graines de couscous*
• 3 *à* 4 *coings (selon grosseur)*
• 200 *g de potiron* • 1 *oignon*
• 1 *citron vert* • 150 *g de sucre*
• *eau* • 10 *cl d'huile*

---

Peler le potiron. Enlever les graines et les parties filandreuses. Couper la chair en morceaux. Réserver.

Peler l'oignon. Le hacher fin.

Peler les coings. Les couper en quatre et enlever les pépins et la partie dure de l'intérieur. Couper ensuite en petits morceaux. Arroser la chair avec le jus du citron.

Dans une sauteuse, verser l'huile et le sucre. Mélanger et porter sur feu vif sans cesser de remuer à l'aide d'une cuillère en bois jusqu'à obtenir un début de caramel. Ajouter alors l'oignon haché. Continuer la cuisson pendant 2 à 3 minutes tout en remuant.

Passer alors sur feu doux. Ajouter les morceaux de potiron et un verre d'eau. Couvrir et laisser cuire une dizaine de minutes.

Réduire le contenu de la sauteuse en purée à l'aide d'un mixer. Ajouter ensuite les morceaux de coings et 50 cl d'eau. Mélanger. Couvrir et laisser cuire sur feu doux pendant environ 1 heure (la préparation doit avoir une consistance semblable à celle d'une confiture).

Servir accompagné de la graine de couscous, à part. Cette préparation peut se déguster chaude ou froide.

# *Couscous de pigeons*

Pour 6 personnes

---

*• 3 beaux pigeons prêts à cuire*
*• 400 g de semoule à couscous*
*• 2 poivrons • 100 g de beurre*
*• 1 citron • 50 g de raisins secs*
*• 50 g d'amandes effilées • 2 cuillerées à soupe de miel*
*• 1 cuillerée à café de cannelle en poudre*
*• 1 cuillerée à café de safran en poudre*
*• eau • sel • poivre*

---

Couper les poivrons en deux dans le sens de la longueur. Enlever les graines et les nervures.

Mettre sur la grille, dans le four, position gril, jusqu'à ce qu'ils prennent une couleur brune et commencent à cloquer. Sortir du four, peler. Réserver.

Mettre les raisins à tremper dans un bol d'eau tiède...

Dans une poêle, faire griller les amandes sur feu vif sans matière grasse.

Mettre les pigeons à dorer sur toutes leurs faces dans une cocotte avec la moitié du beurre. Lorsqu'ils ont pris une belle teinte dorée, ajouter 10 cl d'eau et le safran. Saler, poivrer. Couvrir et laisser mijoter sur feu modéré pendant une trentaine de minutes.

Pendant ce temps, préparer la semoule selon les indications fournies par le fabricant. Réserver au chaud.

Couper les poivrons pelés en lamelles.

Égoutter les raisins.

Ajouter ces ingrédients dans la cocotte. Dix minutes avant la fin de la cuisson des pigeons, ajouter également la cannelle, le jus du citron et le miel

Verser la semoule dans un grand plat creux préalablement tenu au chaud. Ajouter dessus le reste de beurre divisé en noisettes. Parsemer avec les amandes et les lamelles de poivrons.

Poser par-dessus les pigeons.

Servir très chaud, accompagné du jus de cuisson présenté dans une saucière.

# Desserts

*Baklava au miel*
*Briks aux amandes*
*Briks aux dattes*
*Cornes de gazelle*
*Petits sablés*
*Dattes farcies*
*Dattes farcies (variante)*
*Lait aux dattes*
*Fromage frais aux dattes*
*Lait caillé*
*Gâteau au miel*
*Galettes au lait*
*Oranges au sirop de grenadine*
*Crêpes fourrées à l'orange*
*Beignets*
*Gâteaux d'amandes*
*Pruneaux à l'orientale*
*Loukoums*
*Ktaïefs*
*Makroudes à la pâte de dattes*

# *Baklava au miel*

POUR ENVIRON 10 PERSONNES

• 24 *feuilles de brik* • 250 *g de beurre clarifié*
• 400 *g de cerneaux de noix* • 250 *g de sucre semoule*
• 125 *g de miel* • 1 *demi-citron* • 1 *cuillerée à café de cannelle en poudre*
• 4 *clous de girofle* • 2 *cuillerées à soupe d'eau de rose* • 30 *cl d'eau*

Dans une casserole, verser l'eau et le sucre. Ajouter le jus du demi-citron et les clous de girofle. Mettre sur feu vif et porter à ébullition. Aux premiers bouillons, passer sur feu moyen et laisser mijoter jusqu'à obtenir un mélange assez épais. Ajouter alors l'eau de rose, le miel et laisser tiédir hors du feu. Lorsque la préparation est refroidie, mettre au réfrigérateur pendant 2 à 3 heures.

Préchauffer le four à thermostat 5.

Hacher grossièrement les cerneaux de noix. Mélanger avec la cannelle.

Mettre le beurre clarifié à tiédir dans une casserole, sur feu très doux, puis retirer du feu.

Badigeonner un plat allant au four avec du beurre.

Étaler une feuille de brik dans le plat (il faut que les feuilles soient légèrement humectées pour ne pas se briser : pour cela, recouvrir les feuilles en attente d'un linge propre à peine humide). Badigeonner cette feuille avec du beurre à l'aide d'un pinceau à pâtisserie. Procéder de la sorte jusqu'à superposer 12 feuilles.

Étaler alors les noix hachées, et couvrir avec les feuilles restantes en les badigeonnant de beurre au fur et à mesure. Bien enduire la surface de la dernière.

Découper la préparation en losanges ou en carrés.

Mettre au four pendant 40 à 45 minutes puis donner un coup de chaud à thermostat 8 pendant 10 minutes.

Sortir la préparation du four. Arroser du sirop sorti du réfrigérateur.

Laisser refroidir. Servir.

# *Briks aux amandes*

POUR 6 PERSONNES

---

• *12 feuilles de brik*
• *100 g de sucre en poudre*
• *2 œufs* • *200 g d'amandes émondées*
• *5 amandes amères* • *1 petite orange*
• *30 cl d'eau* • *huile de friture* • *sirop à mieller*

---

Préparer le sirop à mieller comme indiqué dans le chapitre « Préparations de base ».

Dans une casserole, verser le sucre et 15 cl d'eau. Mélanger, porter sur feu modéré et laisser cuire 15 minutes à partir des premiers frémissements.

Pendant ce temps, mettre les amandes dans une poêle avec un peu d'huile. Porter sur feu moyen et faire griller légèrement.

Humidifier les feuilles de brik de façon qu'elles ne se brisent pas au moment de les plier.

Peler l'orange à l'aide d'un couteau économe. Hacher les amandes et le zeste.

Verser ce hachis dans un saladier, ajouter les jaunes d'œufs. Bien mélanger.

Verser alors dans le saladier le sirop tout en continuant de mélanger pour obtenir une pâte homogène souple.

Faire chauffer l'huile de friture.

Plier en deux chaque feuille de brik. Prélever la valeur d'une cuillerée à soupe de pâte et la déposer sur la feuille. Replier selon la forme désirée.

Déposer les briks dans l'huile de friture chaude et les faire dorer sur les deux faces pendant quelques minutes.

Retirer au fur et à mesure à l'aide d'une écumoire. Laisser égoutter sur une grille, au-dessus d'un plat creux.

Une fois la totalité des briks cuits, les plonger un à un dans le sirop à mieller. Reposer sur la grille pour laisser égoutter.

Disposer ensuite sur un plat de service. Ces briks se consomment chauds ou froids.

# *Briks aux dattes*

POUR 6 PERSONNES

---

• *12 feuilles de brik* • *200 g de dattes*
• *50 g d'amandes émondées*
• *2 œufs* • *1 petite orange*
• *une demi-cuillerée à café de cannelle en poudre*
• *1 cuillerée à soupe d'huile d'arachide*
• *huile de friture* • *sirop à mieller*

---

Préparer le sirop à mieller comme indiqué dans le chapitre « Préparations de base ».

Humidifier les feuilles de brik.

Dénoyauter les dattes. Les écraser à l'aide d'un pilon. Réserver.

Hacher les amandes et le zeste de l'orange. Dans un saladier, mélanger ce hachis avec la chair des dattes. Ajouter la cannelle, l'huile d'arachide et les jaunes d'œufs. Bien mélanger pour obtenir une pâte homogène.

Mettre l'huile à friture à chauffer sur feu vif.

Plier les feuilles de brik en deux. Poser sur chaque feuille la valeur d'une cuillerée à soupe de farce. Refermer la feuille selon la forme désirée.

Mettre les briks à dorer sur chaque face, au fur et à mesure, dans l'huile chaude. Les laisser égoutter sur une grille posée au-dessus d'un plat creux.

Une fois tous les briks cuits, les plonger dans le sirop à mieller. Les remettre à égoutter quelques minutes sur la grille.

Disposer les briks sur un plat de service. On peut les déguster chauds ou froids.

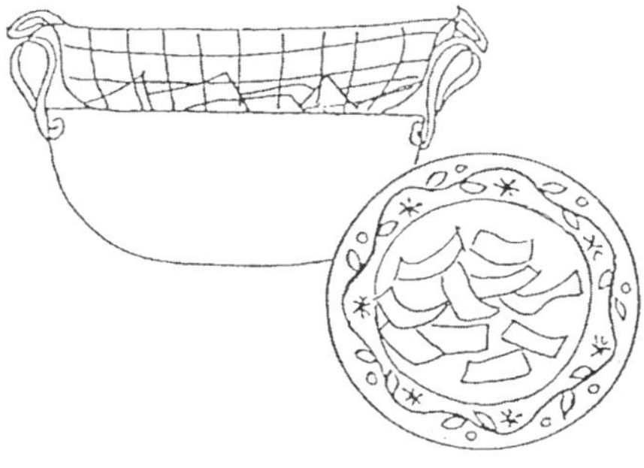

# *Cornes de gazelle*

POUR UNE TRENTAINE DE CORNES DE GAZELLE

- *500 g de farine* • *250 g de beurre*
- *400 g d'amandes mondées (ou de poudre d'amandes)*
- *200 g de sucre en poudre*
- *2 œufs* • *100 g de beurre*
- *2 cuillerées à soupe d'eau de fleur d'oranger*
- *sucre glace* • *sel*

Dans un grand saladier, verser la farine. Creuser un puits et ajouter le sel et le beurre bien ramolli.

Travailler en mélangeant du bout des doigts, tout en émiettant l'ensemble jusqu'à obtenir une préparation semblable à de la semoule.

Ajouter alors l'œuf et pétrir le tout pour obtenir une pâte homogène lisse.

Former une boule. Couvrir le saladier d'un linge propre et laisser reposer au frais.

Passer les amandes au mixer (ou utiliser la poudre d'amandes).

Dans un bol, mélanger à cette poudre le beurre fondu, le sucre et l'eau de fleur d'oranger. Travailler ce mélange.

Préchauffer le four à thermostat 4.

Prélever dans la pâte la grosseur d'une noix. La rouler entre les paumes des mains, puis l'aplatir.

Poser le cercle obtenu sur un plan de travail légèrement fariné et l'aplatir du bout des doigts, par des mouvements circulaires, jusqu'à parvenir à un disque de 2 mm d'épaisseur.

Découper les bords à l'aide d'un couteau pour former un carré d'une dizaine de centimètres de côté.

Prélever la valeur d'une noix de farce d'amandes, la rouler en forme de saucisse et la déposer en diagonale sur le carré et rouler la pâte sur la farce pour former une sorte de croissant.

Déposer sur la plaque à pâtisserie et procéder de la même façon pour le reste jusqu'à épuisement de la pâte et de la farce.

Mettre alors dans le four pendant une quinzaine de minutes. Il faut que les gâteaux prennent une jolie teinte dorée. Les sortir du four, les rouler immédiatement dans du sucre glace.

Laisser refroidir avant de servir.

# Petits sablés

POUR 6 PERSONNES

• *450 g de farine* • *450 g de beurre* • *100 g de sucre en poudre* • *2 œufs*
• *1 sachet de levure chimique* • *1 cuillerée à café d'extrait de vanille*
• *eau de fleur d'oranger* • *clous de girofle* • *sucre glace*

Dans un saladier, mélanger soigneusement la farine et la levure.

À part, mélanger au fouet le beurre bien ramolli et le sucre jusqu'à obtenir un mélange mousseux blanchâtre. Ajouter la vanille, les jaunes d'œufs, mélanger. Incorporer alors le mélange farine-levure en travaillant pour obtenir une pâte ferme homogène (si celle-ci semble trop dure, rajouter un jaune d'œuf ; si au contraire elle paraît trop liquide, rajouter un peu de farine).

Préchauffer le four à thermostat 5.

Prélever des morceaux de pâte de la grosseur d'une petite mandarine. Leur donner une forme ovale. Les déposer sur la plaque à pâtisserie légèrement farinée.

Planter un clou de girofle au centre de chaque gâteau.

Enfourner et laisser cuire pendant 20 minutes (les gâteaux doivent à peine prendre une teinte dorée ; si la couleur prend trop vite, poser par-dessus une feuille de papier aluminium et la retirer 2 minutes avant la fin de la cuisson).

Retirer du four aussitôt la cuisson terminée. Asperger d'eau de fleur d'oranger puis rouler dans du sucre glace.

Laisser refroidir.

Ces gâteaux peuvent se conserver quelques semaines enfermés dans une boîte métallique fermée ou dans un Tupperware.

# Dattes farcies

Pour 4 personnes

- 16 *grosses dattes*
- 140 *g de pâte d'amandes*
- 60 *g de sucre cristallisé*
- 1 *cuillerée à soupe d'eau de fleur d'oranger*

Fendre chaque datte dans le sens de la longueur mais sans les ouvrir complètement.

Retirer les noyaux.

Dans un grand bol, verser la pâte d'amandes et l'eau de fleur d'oranger. Bien mélanger.

Façonner avec cette pâte autant de petits boudins qu'il y a de dattes, légèrement plus petits que celles-ci.

Fourrer chaque datte avec cette pâte.

Rouler ensuite dans le sucre, disposer dans de petites barquettes de papier, ou directement sur une assiette. Servir.

# Dattes farcies (variante)

POUR 4 PERSONNES

- *16 grosses dattes*
- *32 pistaches pelées*
- *60 g de sucre cristallisé*
- *300 g de sucre en poudre*
- *25 cl d'eau*

Verser le sucre en poudre et l'eau dans une casserole. Porter à ébullition sur feu vif pendant une dizaine de minutes.

Fendre chaque datte dans le sens de la longueur mais sans les ouvrir complètement. Retirer les noyaux.

Placer deux pistaches dans chaque datte. Resserrer les deux lobes de chair et plonger dans le sirop.

Les retirer aussitôt à l'aide d'une écumoire puis les rouler dans le sucre cristallisé.

Disposer dans des petites barquettes de papier ou directement sur une assiette.

Servir.

# Lait aux dattes

Pour 4 personnes

- *75 cl de lait*
- *250 g de dattes*
- *1 gousse de vanille*
- *1 clou de girofle*

Dans une grande casserole, mettre le lait sur feu très doux. Porter lentement à petite ébullition.

Aux premiers frémissements, ajouter la gousse de vanille fendue en deux dans le sens de la longueur, les dattes dénoyautées et le clou de girofle.

Remuer très fréquemment.

Retirer ensuite du feu, passer au mixer.

Servir chaud.

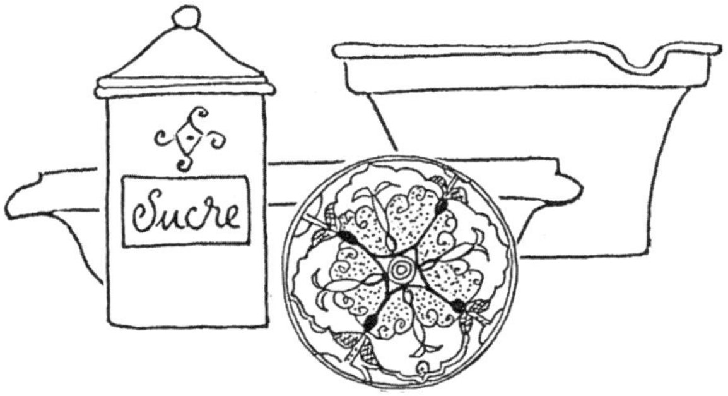

# Fromage frais aux dattes

POUR 4 PERSONNES

- 350 *g de fromage blanc frais*
- *une vingtaine de dattes*
- 50 *g de sucre en poudre*
- 30 *g de crème fraîche*
- 2 *cuillerées à soupe d'eau*

Couper les dattes en deux. Enlever le noyau. En réserver deux.

Hacher la chair des autres grossièrement à l'aide d'un couteau très affûté.

Bien égoutter le fromage blanc.

Le verser dans un saladier. Ajouter la crème fraîche et le sucre en poudre.

Battre au fouet électrique jusqu'à obtenir un mélange crémeux.

Incorporer alors le hachis de dattes. Mélanger.

Mettre dans le réfrigérateur pendant 1 heure, puis servir dans des ramequins en décorant avec des fines tranches de dattes coupées dans celles réservées.

# *Lait caillé*

---

- *1 litre de lait frais*
- *présure*
- *crème fraîche*
- *sucre en poudre*

---

Faire tiédir le lait dans une casserole (il faut surveiller attentivement cette opération, le lait devant être à peine chaud).

Ajouter alors de la présure (on peut l'acheter en pharmacie, où vous sera indiquée la quantité à utiliser).

Mélanger soigneusement. Laisser cailler pendant environ 1 heure dans un endroit tiède.

Prélever alors le lait à l'aide d'une louche. Le mettre dans un chinois posé sur un saladier. Mettre à reposer dans le réfrigérateur. Laisser le petit lait s'écouler dans le saladier jusqu'à ce que le lait caillé ait la consistance à votre goût.

Servir frais, accompagné, à part, de crème fraîche et de sucre en poudre.

# *Gâteau au miel*

POUR 4 PERSONNES

• 150 *g de farine* • 2 *œufs* • 100 *g de sucre en poudre*
• 5 *cuillerées à soupe de miel* • 1 *sachet de levure chimique*
• 1 *cuillerée à soupe de sucre glace*
• 30 *g de beurre* • 1 *cuillerée à soupe de pignons de pin*

Dans une terrine, verser le sucre en poudre. Casser les œufs. Battre au fouet électrique pour obtenir un mélange mousseux blanchâtre.

Ajouter alors le miel et bien mélanger à la cuillère.

Préchauffer le four à thermostat 6.

À part, mélanger la farine et la levure.

Incorporer peu à peu dans la pâte en mélangeant sans arrêt à l'aide de la cuillère en bois jusqu'à obtenir une préparation lisse et homogène.

Verser dans un moule à manqué préalablement beurré.

Mettre au four et laisser cuire pendant une quarantaine de minutes. Si le gâteau prend couleur trop rapidement, poser par-dessus une feuille de papier aluminium et la retirer 3 ou 4 minutes avant la fin de la cuisson.

Laisser refroidir. Démouler sur un plat de service.

Saupoudrer de sucre glace. Décorer avec les pignons de pin. Servir.

# Galettes au lait

Pour une vingtaine de galettes

- *3 verres de lait*
- *5 verres de farine*
- *60 g de beurre*
- *1 sachet de levure chimique*
- *5 g de sel*

Préchauffer le four à thermostat 7.

Dans un saladier, verser la farine. Ajouter la levure et le sel. Mélanger.

Incorporer 40 g de beurre bien ramolli. Pétrir et ajouter peu à peu le lait tiède tout en continuant de travailler la pâte jusqu'à obtenir une préparation souple et homogène.

Étendre au rouleau sur un plan de travail légèrement fariné en une abaisse de 1 cm d'épaisseur environ.

Découper des rondelles dans cette abaisse à l'aide d'un verre renversé dont on a fariné le bord.

Disposer ces rondelles sur la plaque à pâtisserie légèrement beurrée et farinée. Laisser suffisamment d'espace entre chaque galette.

Enfourner et laisser cuire pendant une vingtaine de minutes. Sortir les galettes dès qu'elles ont pris une belle couleur dorée (si elles prennent couleur trop rapidement, poser par-dessus une feuille de papier aluminium et la retirer 2 à 3 minutes avant la fin de la cuisson).

Sortir la plaque du four. Mettre les galettes sur une grille et laisser refroidir.

Ces galettes peuvent remplacer le pain et accompagner par exemple du fromage frais.

# *Oranges au sirop de grenadine*

Pour 4 personnes

- 4 *grosses oranges*
- 800 *g de sucre*
- 1 *cuillerée à café de sirop de grenadine*
- 25 *cl d'eau*
- 1 *cuillerée à soupe d'eau de fleur d'oranger*

Éplucher les oranges à l'aide d'un couteau économe ou avec un couteau très affûté pour obtenir des zestes fins.

Dans une casserole, verser 10 cl d'eau. Ajouter les zestes. Porter à ébullition sur feu vif. Dès les premiers gros bouillons, retirer du feu. Sortir les zestes à l'aide d'une écumoire, passer sous un filet d'eau froide. Égoutter.

Couper les zestes en fines lamelles.

Dans une casserole, mettre 25 cl d'eau et le sucre. Mélanger et porter à ébullition sur feu vif.

Aux premiers bouillons, ajouter les lamelles de zestes d'oranges. Passer sur feu modéré et laisser bouillir pendant 5 minutes.

Pendant ce temps, à l'aide d'un couteau très tranchant, peler les oranges à vif. Couper chaque fruit en deux. Poser sur un plat creux.

Égoutter les zestes.

Ajouter au sirop l'eau de fleur d'oranger et le sirop de grenadine. Bien mélanger.

Verser ce mélange sur les moitiés d'oranges.

Répartir les zestes sur chaque fruit.

Mettre dans le réfrigérateur pendant 2 ou 3 heures.

Servir très frais.

# *Crêpes fourrées à l'orange*

POUR 4 PERSONNES

* *150 g de farine* • *6 œufs*
* *2 grosses oranges*
* *230 g de sucre en poudre*
* *200 g de farine* • *50 cl de lait*
* *100 g de beurre* • *sel*

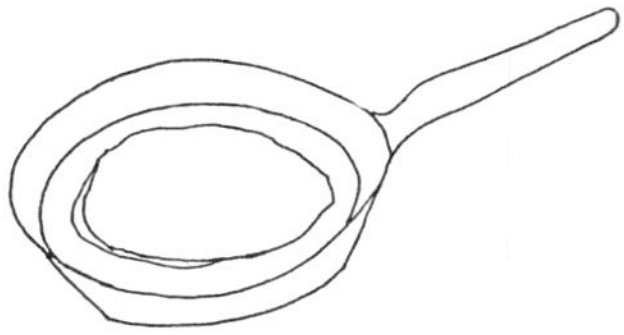

Dans un saladier, verser 150 g de farine. Ajouter 1 cuillerée à café de sucre en poudre et une pincée de sel. Casser 2 œufs et mélanger au batteur électrique jusqu'à l'obtention d'une pâte lisse et homogène.

Incorporer alors peu à peu 25 cl de lait froid et une noix de beurre fondu sans cesser de battre au fouet électrique. Réserver.

Dans une poêle, faire fondre un peu de beurre sur feu vif. Verser une louche de pâte et incliner la poêle pour qu'elle s'étale en une couche mince. Laisser 1 à 2 minutes puis retourner la crêpe et laisser cuire sur l'autre face.

Réserver dans un plat tenu au chaud.

Rajouter un peu de beurre, et procéder de la même façon que précédemment jusqu'à épuisement de la pâte. Réserver le tout au chaud.

Dans un saladier, verser 150 g de sucre en poudre. Casser les œufs restants et travailler au fouet électrique jusqu'à obtenir un mélange blanchâtre.

Ajouter alors 30 g de farine, 25 cl de lait préalablement bouilli tout en continuant de battre au fouet.

Mettre cette préparation dans une casserole et faire cuire sur feu très doux sans cesser de remuer à l'aide d'une cuillère en bois. Ajouter le jus d'une orange et le zeste finement haché. Aux premiers frémissements, compter environ 4 à 5 minutes, toujours en remuant, puis retirer du feu.

Dans une large poêle, sur feu doux, verser 50 g de beurre, 50 g de sucre, le jus de la seconde orange. Mélanger.

Déposer une cuillerée à soupe de crème pâtissière sur chaque crêpe.

Rouler ces dernières au fur et à mesure, puis les déposer dans la poêle avec le sirop.

Laisser environ une minute sur feu vif en retournant chaque crêpe à mi-cuisson.

Retirer à l'aide d'une spatule. Réserver sur un plat tenu au chaud.

Une fois toutes les crêpes prêtes, servir aussitôt.

# Beignets

Pour 6 personnes

- *250 g de farine*
- *1,5 litre d'eau tiède*
- *5 g de levure de bière*
- *1 pincée de sel fin*
- *huile pour friture*

Délayer la levure dans une cuillerée d'eau tiède.

Verser le sel dans la farine, ajouter le reste d'eau tiède et pétrir le tout ; incorporer la levure. La pâte obtenue doit être bien élastique. La couvrir et laisser lever pendant une nuit.

Le lendemain, faire chauffer l'huile de friture, mouiller les mains, prélever de petites boules de pâte, les étirer en les tournant (avec l'habitude, cela vient facilement) pour obtenir la taille de beignet souhaitée. Jeter dans l'huile bouillante, laisser cuire 2 à 3 minutes.

Servir bien chaud, en accompagnant ces savoureux beignets avec du sucre fin ou du miel.

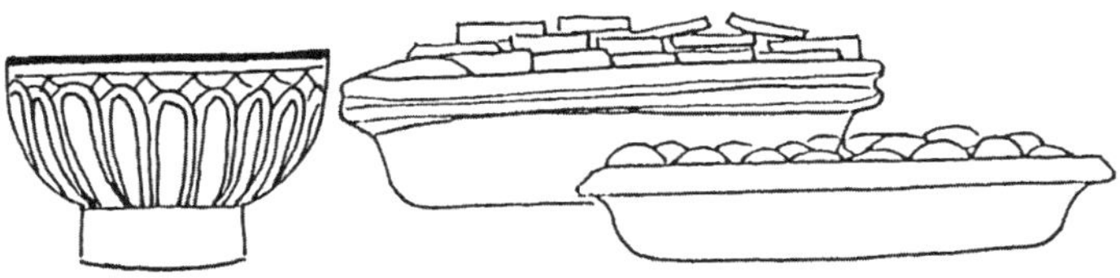

# Gâteaux d'amandes

POUR 6 PERSONNES

• *200 g de farine* • *150 g de sucre* • *100 g d'amandes râpées et grillées*
• *un demi paquet de levure chimique*
• *25 cl de crème fraîche* • *2 œufs*
• *40 g de beurre*
POUR LE SIROP :
• *250 g de sucre en poudre* • *20 cl d'eau* • *le jus d'un citron*

Dans un saladier, verser la crème fraîche et le sucre. Mélanger au fouet jusqu'à obtenir un mélange mousseux blanchâtre.

Ajouter à ce moment les œufs entiers en battant énergiquement.

En dernier, ajouter la farine, les amandes et la levure. Mélanger soigneusement.

Verser le tout dans un moule préalablement beurré.

Mettre à cuire pendant environ 30 minutes dans le four préalablement chauffé à thermostat 6.

Démouler au sortir du four.

Pendant la cuisson, préparer le sirop.

Mélanger dans un récipient le sucre et l'eau. Ajouter le jus du citron.

Mettre à bouillir sur feu moyen jusqu'à obtenir un sirop épais mais fluide.

Au moment de servir, arroser le gâteau avec ce sirop de sucre.

# *Pruneaux à l'orientale*

POUR 6 PERSONNES

- *500 g de pruneaux dénoyautés*
- *150 g de raisins secs*
- *1 orange*
- *100 g de sucre en poudre*
- *120 g de graines de sésame*
- *1 cuillerée à café de gingembre en poudre*
- *50 cl de thé à la menthe*

Verser le thé dans une casserole.

Bien laver l'orange en la brossant. La couper sans la peler en rondelles très fines.

Ajouter dans le thé les rondelles d'orange, le gingembre et le sucre.

Porter à ébullition sur feu vif. Aux premiers bouillons, ajouter les pruneaux et laisser bouillir pendant 3 minutes.

Retirer alors du feu, couvrir et laisser infuser pendant 2 heures.

Pendant ce temps, dans une poêle à revêtement antiadhésif, faire dorer les graines de sésame sans matière grasse, sur feu vif, en remuant sans cesse.

En fin de cuisson, sortir les pruneaux à l'aide d'une écumoire. Les mettre à égoutter sur une grille.

Les farcir ensuite avec quelques grains de raisin.

Mettre les graines de sésame et le reste des raisins dans un grand plat.

Y rouler les pruneaux pour les enrober des ingrédients.

Disposer alors sur un plat de service.

Servir.

# *Loukoums*

Pour 6 personnes

• *250 g de sucre glace* • *40 g d'amidon de blé dur*
• *60 cl d'eau* • *210 g de sucre*
• *1 cuillerée à soupe d'eau de rose*
• *50 g de pignons de pin* • *huile d'arachide*

Délayer l'amidon et le sucre glace dans l'eau.

Mettre dans une casserole en cuivre alimentaire et porter sur feu vif sans cesser de remuer à l'aide d'une spatule en bois.

Aux premiers bouillons, passer sur feu doux sans cesser de remuer en veillant à ce que le fond n'accroche pas.

Dès que la pâte se roule en boule brillante et prend une consistance élastique et qu'elle ne dégage plus de vapeur, la cuisson est terminée.

Ajouter à ce moment l'eau de rose et les pignons de pin.

Sortir du feu. Verser dans un plat légèrement huilé. Laisser reposer vingt-quatre heures.

Couper en cubes de 2 cm de côté environ. Rouler chacun de ces cubes dans du sucre glace.

# Ktaïefs

Pour 6 personnes

- 500 *g de pâte à brik (environ* 50 *feuilles de cette pâte)*
- 150 *g de beurre*
- 150 *g de noisettes grillées concassées*
- 100 *g d'amandes grillées concassées*
- 50 *g de pignons*
- 1 *kg de sucre en poudre*
- 50 *g de pistaches réduites en poudre*
- 50 *g de sucre glace*

Pour le sirop :

- 250 *g de sucre en poudre*
- 20 *cl d'eau*
- *le jus d'un citron*

Couper les feuilles de pâte en fines lanières. Mettre dans un grand plat à four légèrement beurré.

Parsemer ensuite de petits morceaux de beurre et mettre à four chaud pendant environ 10 minutes. Il faut que le tout prenne une légère couleur blonde.

Pendant la cuisson, préparer le sirop.

Mélanger dans un récipient le sucre et l'eau. Ajouter le jus du citron.

Mettre à bouillir sur feu moyen jusqu'à obtenir un sirop épais mais fluide.

Sortir alors du four. Verser la pâte dans un récipient à feu. Arroser de sirop de sucre après avoir ajouté à la préparation les noisettes, les pignons et les amandes.

Mettre alors à feu doux pendant environ une quinzaine de minutes, jusqu'à ce la préparation ait absorbé tout le sirop.

Enlever du feu. Dresser sur un plat, mouler de façon à donner à la pâte la forme d'un gâteau.

Saupoudrer de poudre de pistaches sur une moitié de la surface, et de sucre glace sur l'autre moitié.

Servir.

# *Makroudes à la pâte de dattes*

- *500 g de semoule fine*
- *250 g de pâte de dattes (vendue prête à l'emploi)*
- *1 cuillerée à soupe d'eau de fleur d'oranger (facultatif)*
- *500 g de miel* • *1 citron et son zeste*
- *1 verre d'huile* • *1/2 verre d'eau*
- *1 pincée de sel* • *huile pour friture*

Chauffer le verre d'huile et l'eau.

Ajouter l'eau de fleur d'oranger, le zeste de citron et le sel.

Ajouter la semoule et travailler un peu la pâte.

Rouler la pâte en forme de baguette.

Ouvrir la pâte sur toute la longueur et y inclure la pâte de dattes.

Rouler ensuite et découper au couteau des morceaux de 3 à 4 cm.

Préparer le miel en le chauffant avec le jus de citron.

Frire les morceaux de pâte dans une friture chaude.

Égouter, laisser reposer et plonger dans le miel chaud.

On peut faire la recette en deux étapes :

— faire la préparation et la friture ;

— plonger dans le miel le lendemain ou le jour de la consommation (on peut conserver les gâteaux dans une boîte hermétique quelques jours après la friture).

# Confitures

*Confiture de nèfles*
*Confiture de mandarines*
*Confiture de citrons*
*Confiture de tomates vertes*
*Confiture d'oranges et de mandarines*
*Confiture de figues*
*Confiture d'abricots*

# *Confiture de nèfles*

POUR 6 POTS

- *1 kg de nèfles bien mûres*
- *1 kg de sucre en poudre*
- *50 cl d'eau*

Peler les nèfles et retirer les petits noyaux.

Dans une cocotte, verser l'eau et le sucre. Mélanger et porter à ébullition sur feu vif. Aux premiers bouillons, passer sur feu moyen. Dès que le sirop commence à épaissir et à faire des petites bulles, plonger les nèfles.

Laisser cuire à petits bouillons pendant 45 minutes en remuant souvent à l'aide d'une spatule en bois.

Mettre ensuite en pots, fermer hermétiquement.

Conserver dans un endroit sec, à l'abri de la lumière.

# *Confiture de mandarines*

POUR 12 POTS DE 250 G

• 1,5 *kg de mandarines*
• 1,5 *kg de sucre en poudre* • *eau*

Bien laver les mandarines sous un filet d'eau froide et les brosser soigneusement.

Dans une grande bassine, verser 1 litre d'eau. Plonger les mandarines et mettre sur feu vif.

Porter à ébullition. Aux premiers frémissements, passer sur feu modéré et laisser bouillir doucement pendant 25 minutes.

Au bout de ce temps, retirer les mandarines à l'aide d'une écumoire et les plonger dans de l'eau froide pour arrêter la cuisson. Renouveler cette eau à plusieurs reprises pour bien refroidir les fruits.

Égoutter alors les fruits. Les couper en fines tranches à l'aide d'un couteau très tranchant.

Mettre dans un grand faitout ou dans la bassine à confiture 90 cl d'eau. Ajouter le sucre. Porter sur feu moyen et laisser bouillir pendant 5 minutes à gros bouillons.

Ajouter alors les tranches de mandarines. Reprendre l'ébullition et laisser cuire pendant 1 heure. La peau des mandarines doit devenir translucide.

Verser alors dans des pots en répartissant également les tranches de fruits et le jus. Fermer hermétiquement.

Conserver dans un endroit tempéré.

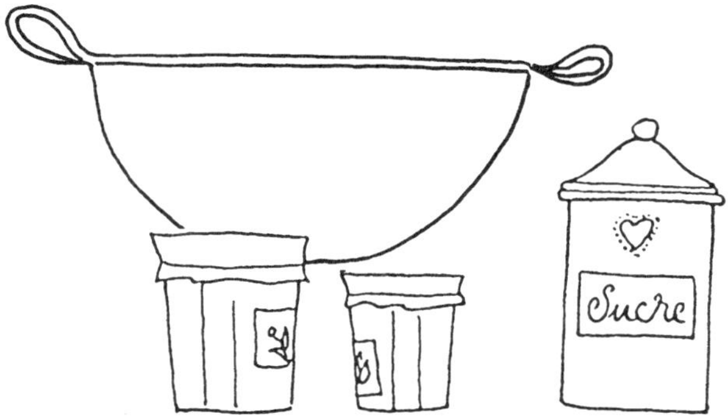

# *Confiture de citrons*

POUR UNE DIZAINE DE POTS

• 15 *citrons* (*choisir des citrons à la peau fine*)
• 1,5 *kg de sucre* • *eau*

Cette recette se prépare en plusieurs jours, pour laisser les citrons macérer longuement avant la réalisation de la confiture.

Laver soigneusement les citrons sous un filet d'eau froide.

Les couper en tranches très fines en enlevant les pépins.

Mettre ces tranches à macérer dans un récipient avec de l'eau froide pendant 24 heures.

Le lendemain, mettre l'eau de la macération à chauffer dans une casserole. Aux premiers frémissements, retirer du feu et verser sur les tranches de citrons. Laisser encore macérer pendant 24 heures.

Égoutter alors les tranches de citrons. Les mettre dans une casserole, les recouvrir d'eau froide et mettre sur feu moyen. Laisser bouillir jusqu'à ce que l'écorce devienne molle. Égoutter. Réserver.

Dans une marmite à confiture ou une très grande casserole, verser 3 verres d'eau. Ajouter le sucre. Mélanger et porter à ébullition sur feu moyen en remuant fréquemment. Dès les premiers bouillons, compter environ 7 à 8 minutes.

Ajouter alors les tranches de citrons. Laisser cuire à feu moyen pendant une bonne quarantaine de minutes.

Verser dans des pots. Fermer hermétiquement.

# *Confiture de tomates vertes*

Pour 4 à 5 pots

---

- *2 kg de tomates vertes*
- *900 g de sucre cristallisé*
- *3 citrons*

---

La veille ou l'avant-veille, laver les tomates, les couper en tranches fines. Les mettre dans un saladier avec le sucre en étalant une couche de tomates, puis une couche de sucre, et ainsi de suite jusqu'à épuisement des ingrédients. Réserver dans le réfrigérateur en remuant deux ou trois fois à l'aide d'une spatule en bois.

Le jour même, couper les citrons en tranches très fines, puis couper ces tranches en deux.

Dans la marmite à confiture, verser les tomates. Mettre sur feu vif. Aux premiers bouillons, passer sur feu doux. Écumer, laisser cuire pendant 1 heure et ajouter les tranches de citron.

Continuer la cuisson sur feu doux pendant encore 45 minutes à 1 heure en remuant régulièrement à l'aide d'une spatule en bois.

Enlever du feu.

Mettre en pots. Couvrir hermétiquement.

# *Confiture d'oranges et de mandarines*

POUR 6 POTS DE 500 G

- 1 *kg de mandarines*
- 1 *kg d'oranges*
- 4 *citrons*
- 2 *kg de sucre*
- 1 *litre d'eau*

Choisir de préférence des fruits garantis non traités.

Dans le cas contraire, laver soigneusement les fruits sous un filet d'eau en les brossant longuement.

À l'aide d'un couteau économe, peler les fruits.

Mettre les zestes dans une casserole avec 50 cl d'eau froide. Porter à ébullition sur feu vif. Aux premiers bouillons, retirer du feu. Vider l'eau de cuisson, verser à nouveau 50 cl d'eau dans la casserole et remettre à bouillir. Retirer du feu aux premiers bouillons. Passer les zestes sous un filet d'eau froide, et égoutter.

Couper les oranges et les mandarines en petits morceaux. Mettre les pépins dans un carré de mousseline, et nouer.

Dans une bassine à confiture, verser le sucre, les morceaux d'oranges et de mandarines. Ajouter le jus des citrons, les zestes et le sachet avec les pépins.

Porter à ébullition sur feu doux pendant 45 minutes à 1 heure en remuant de temps en temps.

Dès la fin de la cuisson, mettre en pots. Fermer hermétiquement.

# Confiture de figues sèches

POUR 4 À 5 POTS

- 500 *g de figues sèches*
- 3 *citrons*
- 100 *g de sucre en poudre*
- 1 *litre de jus de raisin*
- 1 *gousse de vanille*
- 1 *bouquet de menthe fraîche*

Couper le pédoncule des figues. Couper ensuite les fruits en quatre.

Mettre dans un saladier et couvrir avec le jus de raisin.

Mettre dans le réfrigérateur pendant au moins 2 heures.

Au bout de ce temps, retirer les figues à l'aide d'une écumoire. Les égoutter. Réserver le jus.

Verser ce jus dans une bassine, et y mettre le bouquet de menthe fraîche. Porter à ébullition sur feu vif. Laisser cuire jusqu'à ce que le jus ait réduit de moitié.

Retirer alors la menthe. Verser à la place les figues et la gousse de vanille fendue en deux. Passer sur feu doux et laisser cuire pendant 1 h 30 à 1 h 45.

Retirer la gousse de vanille. Ajouter le sucre, le jus des citrons et continuer la cuisson toujours sur feu modéré jusqu'à ce que le sirop nappe la cuillère.

Remplir les pots. Laisser refroidir, puis couvrir hermétiquement.

# *Confiture d'abricots*

POUR 4 À 5 POTS

---

- *1 kg d'abricots mûrs (il faut veiller à choisir des fruits très mûrs pour assurer une bonne prise de la confiture)*
- *800 g de sucre cristallisé*
- *1 gousse de vanille*
- *20 cl d'eau*

---

Dénoyauter les abricots. Couper la chair en morceaux.

Dans une bassine à confiture, verser le sucre et l'eau. Mélanger et mettre sur feu moyen. Porter à ébullition sans cesser de remuer, jusqu'à obtenir un sirop.

Ajouter alors les abricots, puis la gousse de vanille fendue en deux. Passer sur feu modéré et laisser cuire à petits frémissements pendant 45 minutes en remuant régulièrement et en écumant.

Enlever la gousse de vanille. Mettre en pots et laisser refroidir.

Couvrir hermétiquement et conserver dans un endroit à l'abri de la lumière.

*Une variante consiste à remplacer la gousse de vanille par une sommité fleurie de lavande fraîche pour la même quantité d'abricots. Cette plante ayant un goût prononcé, il faut veiller à ne pas en mettre plus qu'indiqué.*

# Boissons

*Café maure*
*Thé à la menthe*
*Sirop d'amandes*
*Orangeade*

# *Café maure*

Par personne

- *1 cuillerée à café de café en poudre*
- *1 cuillerée à café de sucre en poudre*
- *1 tasse à café d'eau*

Dans une casserole, mélanger le café et le sucre. Verser l'eau et délayer soigneusement.

Mettre sur feu doux.

Dès le début de l'ébullition et que monte la mousse, retirer du feu. Remuer avec une cuillère.

Remettre sur le feu et retirer aussitôt que la mousse monte. Laisser retomber celle-ci, remettre à nouveau sur le feu. Dès que la mousse se reforme et remonte, servir dans des tasses en répartissant la mousse dans chacune d'elles.

*Traditionnellement, ce café doit se préparer avec autant de tournées qu'il y a de goûts différents. En effet, certains le dégustent sucré, d'autres très sucré, d'autres encore nature. Avant de boire, il faut attendre que le marc se dépose au fond de la tasse, et c'est la raison pour laquelle on ne remue pas le café dans la tasse (on n'ingurgite pas non plus le marc du fond). Selon la croyance populaire, la mousse est censée porter bonheur, et c'est pourquoi on veille à la répartir entre chaque convive).*

# Thé à la menthe

Pour 4 personnes

• 1 *cuillerée à soupe de feuilles de thé vert*
• 1 *bouquet de feuilles de menthe*
• 1 *clou de girofle*
• *un demi-bâtonnet de cannelle*
• *sucre* • 50 *cl d'eau*

Mettre l'eau à bouillir dans une casserole, sur feu vif.

Dans une théière, verser les feuilles de thé vert. Ajouter la cannelle et le clou de girofle.

Verser par-dessus un quart de l'eau bouillante. Ajouter la menthe. Sucrer selon goût. Verser le reste de l'eau très chaude.

Remuer, laisser infuser pendant environ 5 minutes.

Servir brûlant dans des verres à thé.

Comme pour le café maure, le thé à la menthe se prépare avec autant de tournées qu'il y a de goûts différents chez les convives, certains préférant le déguster très sucré, d'autres modérément, d'autres encore nature.

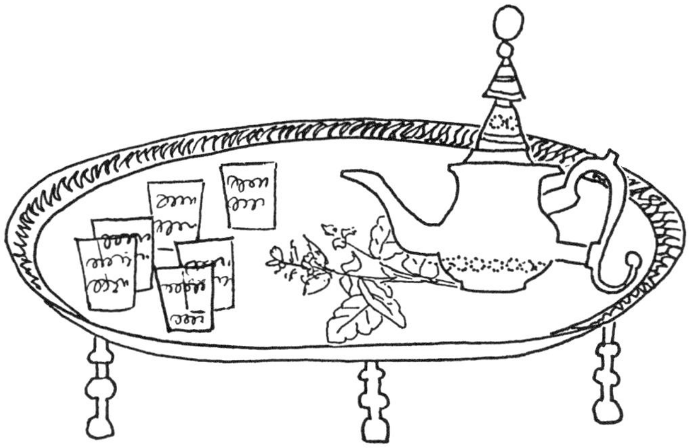

# *Sirop d'amandes*

POUR 100 CL DE SIROP

- *200 g d'amandes mondées*
- *600 g de sucre en poudre*
- *5 amandes amères mondées*
- *1 litre d'eau + quelques cuillerées*

Passer au mixer toutes les amandes.

Pour plus de facilité, procéder par petites quantités pour la suite : piler au mortier une part de poudre d'amandes, un peu de sucre et un peu d'eau jusqu'à obtenir une pâte fine homogène.

Dans une grande casserole, verser 1 litre d'eau et le reste de sucre. Porter à ébullition sur feu vif. Aux premiers bouillons, passer sur feu doux et laisser frémir pendant une dizaine de minutes.

Incorporer alors la pâte d'amandes en tournant avec une spatule en bois. Laisser bouillir pendant environ 10 minutes sans cesser de remuer.

Retirer alors du feu. Laisser tiédir.

Poser dans un chinois une mousseline fine. Y verser le sirop et presser fortement la mousseline en fin d'opération.

Mettre en bouteilles et boucher hermétiquement.

Ce sirop se conserve sans problème.

# Orangeade

POUR 4 PERSONNES

- 4 *grosses oranges à peau fine*
- 75 *g de sucre en poudre*
- 1 *litre d'eau*

Bien laver les oranges. Essuyer.

Dans une grande casserole, verser l'eau et mettre à bouillir sur feu vif.

Peler les oranges à l'aide d'un couteau économe. Mettre les zestes dans l'eau bouillante. Retirer la casserole du feu, couvrir et laisser une trentaine de minutes.

Filtrer ensuite à travers un chinois, dans une grande carafe.

Ajouter le sucre, puis le jus des oranges.

Mettre dans le réfrigérateur.

Servir froid, accompagné de glaçons.

# *Index des recettes*

Achevé d'imprimer en février 2005
Dépôt légal à parution

*Imprimé en* U.E.